SR SUNTOUR

AIRLITE 300
RALEIGH

CHRIS SIDWELLS

Fahrrad-Fitness

In sieben Wochen zur Topform

Dorling Kindersley

DORLING KINDERSLEY
London, New York, Melbourne, München und Delhi

Für alle, die ihre Fitness verbessern möchten

Projektbetreuung Nasim Mawji
Bildbetreuung Miranda Harvey
Bildredaktion Anne Fisher
Cheflektorat Penny Warren
Cheflektorat Marianne Markham
Programmleitung Mary-Clare Jerram
DTP-Design Sonia Charbonnier
Herstellung Sarah Sherlock
Fotos Russell Sadur

Für die deutsche Ausgabe:
Programmleitung Monika Schlitzer
Projektbetreuung Kerstin Uhl
Herstellungsleitung Dorothee Whittaker
Herstellung Verena Salm

Bibliografische Information Der Deutschen Bibliothek
Die Deutsche Bibliothek verzeichnet diese Publikation in der Deutschen Nationalbibliografie; detaillierte bibliografische Daten sind im Internet über http://dnb.ddb.de abrufbar.

Titel der englischen Originalausgabe:
Cycling for fitness

Übersetzung Ina Hauenstein
Redaktion Alexandra Minisdorfer, txt redaktion & agentur Bonn

ISBN 3-8310-0866-3

Colour reproduction by Colourscan, Singapore
Printed and bound in Portugal by Printer Portuguesa

Besuchen Sie uns im Internet
www.dk.com

INHALT

BEVOR ES LOS GEHT

Natürlich ist Rad fahren ein großartiges Fitnesstraining, aber dieser Sport hat noch viel mehr zu bieten. Rad fahren eignet sich als Freizeitaktivität für alle Alters- und Fitnessstufen, hilft Ihnen beim Abnehmen, trainiert Ihre Muskeln und stärkt Herz und Lunge. Während Sie Ihre nähere Umgebung erkunden oder längere Touren unternehmen, absolvieren Sie gleichzeitig ein hervorragendes Training. Außerdem macht Rad fahren Spaß. Sie spüren wieder die Freiheit, die Sie als Kind erlebt haben, wenn die Welt beim Fahrrad fahren an Ihnen vorbeifliegt. Inzwischen sind die Fahrräder technisch viel besser ausgestattet – der Spaß ist jedoch geblieben. Das Rad ist eine kostengünstige, gesunde und Zeit sparende Alternative zum Auto oder zu öffentlichen Verkehrsmitteln. Legen Sie los!

WARUM RAD FAHREN?

Rad fahren ist ein Erlebnis: der Nervenkitzel der Geschwindigkeit, das Gefühl, durch die eigene Kraft voranzukommen, den Wind im Gesicht spüren, die frische Luft atmen. Beim Erklimmen einer Steigung fühlen Sie, wie sich Ihre Muskeln anspannen. Auf dem Berg angelangt, stellt sich ein Triumphgefühl ein. Freiheit, Spaß, Fortbewegung und körperliche Ertüchtigung – das alles bietet Rad fahren.

Umweltfreundlich

In der modernen Gesellschaft bedroht die Abhängigkeit vom Auto nicht nur unsere Gesundheit, da wir uns immer mehr an körperliche Untätigkeit gewöhnen, sondern auch die Umwelt. Wenn Sie bedenken, dass ein Auto durchschnittlich den gleichen Platz auf der Straße einnimmt wie fünf Fahrräder, wird deutlich, wie wirkungsvoll es wäre, wenn viel mehr Menschen ihre täglichen Wege mit dem Rad zurücklegen würden. Nicht nur die Schadstoffemission würde dadurch verringert, es entstünden auch weniger Staus.

Mit dem Fahrrad unterwegs
Tun Sie etwas Gutes für die Umwelt und für Ihre Gesundheit: Schwingen Sie sich gelegentlich auf das Rad.

Sowohl in Städten als auch auf dem Land werden deshalb immer mehr Fahrradwege eingerichtet, um die Menschen zu ermutigen, verstärkt das Rad zu benutzen.

Billig und zweckmäßig

Fahrräder sind praktisch. Sie bedürfen keiner aufwändigen Wartung, verursachen kaum laufende Kosten und benötigen wenig Platz. Im Gegensatz zu Autos fallen weder Parkgebühren noch Strafzettel oder hohe Tankrechnungen an.

Außerdem lassen sich Fahrräder vielseitig einsetzen. Das gleiche Rad, das Sie in die Arbeit bringt, können Sie jederzeit auch für einen Ausflug ins Grüne benutzen. Ganz unabhängig davon, wohin Sie fahren, verbessern Sie zudem mit jedem Tritt Ihre Fitness. Somit ist Ihr Fahrrad nicht nur ein nützliches Transportmittel, sondern auch ein hervorragendes Trainingsgerät.

Mit keiner anderen Art von Fitnesstraining lassen sich unabhängig vom Alter und Gesundheitszustand ähnlich gute Ergebnisse erzielen wie beim Rad fahren. Egal, wann und wo Sie trainieren möchten, Sie können jederzeit loslegen und müssen sich dabei nicht um eine spezielle Kleidung oder aufwändige Ausrüstung kümmern. Mit ein wenig Übung werden Sie bald in der Lage sein, auch größere Touren mit Ihrem Rad zu unternehmen.

Die Natur erkunden
Nicht nur in der Stadt sind Fahrräder ein praktisches und günstiges Fortbewegungsmittel.

Armmuskulatur
Sobald Sie aus dem Sattel gehen oder im Gelände fahren, kräftigen Sie Ihre Ober- und Unterarmmuskulatur.
Rumpfmuskulatur
Beim Halten des Gleichgewichts auf dem Rad wird Ihre Muskulatur im Bauch und im unteren Teil des Rückens trainiert.
Hüft- und Beingelenke
Da das Rad Ihr Körpergewicht trägt, werden Ihre Hüft-, Knie- und Fußgelenke nicht zu stark belastet.
Beinmuskulatur
Die Beine verrichten die Hauptarbeit beim Treten in die Pedale. Das stärkt und kräftigt die Oberschenkel- und Wadenmuskulatur.
Schulter- und Brustmuskulatur
Das Halten und Stabilisieren des Lenkers kräftigt Ihre Brust- und Schultermuskulatur.
Widerstandstraining
Durch das Schalten verändern Sie den Widerstand, gegen den Ihre Muskeln arbeiten müssen, und kontrollieren somit die Intensität Ihres Trainings.
Herz und Lunge
Damit der Körper mit genügend Sauerstoff versorgt wird, muss die Lunge verstärkt arbeiten. Das Herz schlägt schneller, um den Sauerstoff in die Muskeln zu pumpen.

Verbessern Sie Ihre Fitness

Rad fahren ist eine der wenigen Trainingsmethoden, die sowohl aerobe bzw. kardiovaskuläre Fitness aufbaut als auch Ihre Muskeln kräftigt und trainiert. Gleichzeitig sind Ihre Gelenke keiner übermäßigen Belastung ausgesetzt, da das Rad Ihr Körpergewicht trägt. Da Sie das Terrain selbst wählen und entsprechend schalten können, kontrollieren Sie die Intensität des Trainings. Obwohl beim Treten vor allem Ihre Beinmuskulatur arbeitet, trainiert und kräftigt Rad fahren Ihren gesamten Körper.

Aufbau aerober Fitness

Selbst bei einer gleichmäßigen, moderaten Geschwindigkeit erhöht Rad fahren Ihre Herzfrequenz. Herz und Lunge müssen verstärkt arbeiten, um Ihre Muskeln beim kräftigen Treten mit ausreichend Sauerstoff zu versorgen. Je mehr aerobes Training Sie absolvieren, desto besser sind Sie in Form und desto effizienter funktioniert auch die Sauerstoffversorgung Ihrer Muskeln.

Eine gute aerobe Fitness bringt viele Vorteile mit sich. Sie werden merken, dass Sie die körperlichen Anstrengungen, mit denen Sie täglich konfrontiert sind, besser bewältigen können, und feststellen, dass Sie aufmerksamer sind und sich leichter konzentrieren können. Sie schlafen besser und werden sich somit auch besser fühlen. Regelmäßiges aerobes Training in Kombination mit einer gesunden, ausgewogenen Ernährung hilft Ihnen, Ihr Gewicht zu kontrollieren und Körperfett zu reduzieren. Zusätzlich werden Herz und Blutgefäße gestärkt, der Kreislauf verbessert und der Blutdruck gesenkt.

Muskeltraining

Ein weit verbreitetes Vorurteil ist, dass Rad fahren nur die Beinmuskulatur trainiert. Es ist zwar richtig, dass beim Treten die Muskeln in Oberschenkeln und Waden besonders hart arbeiten, allerdings werden gleichzeitig auch der Oberkörper und die Arme gekräftigt. Durch das Ausbalancieren Ihres Körpers auf dem Rad aktivieren Sie die Rumpfmuskulatur. Diese Muskeln stützen die Wirbelsäule sowie den unteren Rücken und ermöglichen dadurch eine gute Haltung. Sobald Sie aus dem Sattel gehen, ist Ihre Oberkörpermuskulatur – Arme, Schultern und Brust – gefordert. Bei erhöhter Geschwindigkeit treten Ihre Beine kräftig in die Pedale, während die Arme zugleich am Lenker ziehen – so wird Rad fahren zu einem Ganzkörpertraining.

Langsame und schnelle Muskelfasern

Muskeln bestehen aus zwei Arten von Muskelfasern: rote (langsame oder ST-Faser von engl. »slow twitch«) und weiße (schnelle oder FT-Faser von engl. »fast twitch«). Der Anteil der beiden Fasertypen in jedem Muskel ist genetisch vorgegeben. Rote Muskelfasern kommen häufiger vor. Sie werden bei konstanten Anstrengungen wie Rad fahren mit niedriger bis mittlerer Intensität, Joggen oder Walken benutzt. Die schnell arbeitenden weißen Muskelfasern kommen bei intensiveren Anstrengungen zum Einsatz, die nur über kurze Zeiträume ausgeführt werden können, wie Sprinten oder das Stemmen von schweren Gewichten. Sie sind dicker als die roten Muskelfasern, sodass durch ein Training der weißen Fasern die Muskeln stärker definiert werden. Rad fahren kräftigt zwar die Muskulatur, bildet jedoch aufgrund des aeroben Trainings keine Muskelberge aus.

Ein Vorteil beim Rad fahren ist die Kontrolle, die Sie durch die Auswahl der Art und Intensität Ihres Trainings haben. Wenn Sie die verschiedenen Gänge benutzen, bergauf fahren oder sprinten, trainieren Sie Ihre schnellen Muskelfasern als Teil des gesamten Trainings. Durch die Stimulation der schnellen Muskelfasern wird zudem Ihr Stoffwechsel angeregt. So verbrauchen Sie selbst in der Zeit, wo Sie nicht trainieren, mehr Kalorien.

Ein Sport für die ganze Familie

Rad fahren ist eine exzellente Trainingsform für alle Altersgruppen, unabhängig vom jeweiligen Fitnessgrad. Da das Rad das Körpergewicht des Fahrers trägt, können auch Kinder ohne Gefahr für die wachsenden Knochen in die Pedale treten, während ältere Menschen keine Fehlbelastung der Gelenke riskieren. Für Übergewichtige ist ein 20-minütiges Radtraining angenehmer als beispielsweise Joggen oder Aerobiceinheiten. Auch Menschen, die zu Sportverletzungen neigen, profitieren vom Radtraining.

Da sich die Intensität des Trainings so leicht kontrollieren lässt, können Sie Ihre Herzfrequenz steigern, ohne Ihren Körper zu überfordern.

Praktisch und vielseitig

Das Praktische am Rad fahren ist, dass Sie sowohl draußen als auch drinnen, auf der Straße sowie im Gelände trainieren können. Sobald Sie im Sattel sitzen, beginnen Sie mit dem Training. Wenn Sie das Rad für den Weg in die Arbeit benutzen, verbessern Sie Ihre Fitness, während Sie pendeln.

Ein weiterer Anreiz besteht darin, dass Rad fahren keine besonderen Fähigkeiten voraussetzt. Die Technik ist leicht zu beherrschen – fast jeder kann Rad fahren, da er es als Kind gelernt hat. Außerdem

Ein Spaß für die ganze Familie
Rad fahren ist eine Aktivität für die ganze Familie – Kinder mögen es, weil es schnell und aufregend ist.

lassen sich moderne Räder leicht fahren. Sogar günstige Anfängerräder besitzen mehrere Gänge sowie hochwertige Reifen und sind sehr leicht.

Familien und Freunde können sich beim Rad fahren gemeinsam fit halten und dabei viel Spaß haben. Auf Radtouren erkunden Sie Gegenden, die Sie vom Auto aus oftmals gar nicht sehen. In die Trainingsprogramme, die in diesem Buch vorgestellt werden, lassen sich Familientouren gut integrieren. Selbst wenn Sie dabei etwas langsamer fahren müssen, damit alle mithalten können, haben Sie beispielsweise durch den Transport eines Kindes im Kindersitz oder eines Picknicks die Möglichkeit, den Trainingseffekt zu erhöhen. Selbstverständlich können Sie auch allein fahren und dies als Möglichkeit nutzen, um Abwechslung vom Alltag zu erleben.

Für welche Art des Rad fahrens Sie sich auch entscheiden – in Verbindung mit einer gesunden Lebensweise verbessert das regelmäßige Treten in die Pedale enorm Ihre Fitness. Sie können das Training darüber hinaus nutzen, um sich für andere Sportarten fit zu machen oder es als Aktivität in ein kombiniertes Training einbauen. Für viele Marathonläufer, Tänzer und Schwimmer ist Rad fahren Teil Ihres Trainingsprogramms.

Es geht los

Wenn Sie körperlich nicht sonderlich fit sind, oft verletzt waren oder längere Zeit nicht Rad gefahren sind, sollten Sie langsam mit dem Training beginnen. Bevor Sie sich dem siebenwöchigen Programm zuwenden, das in diesem Buch vorgestellt wird, absolvieren Sie kurze 15-minütige Fahrten auf ebenem Terrain. So bauen Sie eine Grundausdauer auf.

Rad fahren lässt sich leicht in den Alltag integrieren. Für Strecken, die Sie zuvor mit dem Auto, dem Bus oder der Bahn zurückgelegt haben, benutzen Sie nun das Rad. Fast überall werden Kurse zur Sicherheit und Technik für Kinder und Erwachsene angeboten. Fühlen Sie sich noch nicht sicher genug, um auf der Straße zu fahren, weichen Sie zunächst auf Parks oder spezielle Fahrradwege aus. Erkunden Sie sich z.B. bei den Tourismusämtern nach aktuellen Radwegplänen. Lassen Sie sich von Anfangsschwierigkeiten nicht beirren – Sie werden vom Rad fahren enorm profitieren und viel Spaß haben.

VORTEILE DES RADFAHRENS

Sie werden sowohl physisch als auch mental vom Rad fahren profitieren. Im Folgenden sind einige Vorteile aufgelistet, die das Rad fahren mit sich bringt:

- Verbrennt Kalorien, ist also eine gute Trainingsmethode, um abzunehmen und das Gewicht zu kontrollieren
- Sie arbeiten gegen einen Widerstand und absolvieren gleichzeitig ein kardiovaskuläres Training
- Trainiert die Muskulatur des gesamten Körpers
- Stärkt Kreislauf und Herz; in manchen Fällen kann es auch den Blutdruck senken
- Wenig Belastung für die Gelenke und Knochen, da das Rad das Gewicht des Fahrers trägt
- Erhöht Ihre Energie
- Verbessert Ihre Laune
- Stärkt Ihr Immunsystem
- Haar und Haut sehen gesünder aus
- Steigert das Selbstwertgefühl und Selbstvertrauen
- Verbessert die Lebensqualität, da alltägliche Aktivitäten wie Treppensteigen leichter fallen
- Sie schlafen besser
- Stärkt die Rumpfmuskulatur, sodass Rückenproblemen effektiv vorgebeugt wird und Sie eine bessere Körperhaltung haben
- Glücksgefühle entstehen, da der Körper Endorphine ausschüttet
- Verbessert die Konzentrationsfähigkeit
- Reduziert Angstzustände

MAXXIS.com
Diamondback
LAKE

FAHRRÄDER UND AUSSTATTUNG

Um mit dem Rad fahren zu beginnen, benötigen Sie weder eine teure noch eine besonders aufwändige Ausstattung. Auf den folgenden Seiten finden Sie Tipps für die Auswahl und den Kauf eines Fahrrads, das Ihren Bedürfnissen exakt entspricht – ein Rad, das Sicherheit und Komfort für jedes Terrain bietet und das optimal zu Ihrer Körpergröße passt. Außerdem erhalten Sie hier nützliche Informationen zu Fahrradhelmen, Sätteln, Reifen, Licht und dem notwendigen Werkzeug. Dieses Kapitel informiert Sie zudem über die richtige Kleidung für die jeweiligen Wetterverhältnisse – egal, ob Sie im Gelände oder auf der Straße trainieren.

DER FAHRRADKAUF

Im Allgemeinen kann man Räder in drei Kategorien einteilen: Straßenräder, Mountainbikes und so genannte Hybridräder. Um das richtige Fahrrad zu finden, müssen Sie sich zunächst darüber klar werden, für welche Zwecke Sie es in erster Linie benutzen wollen. Fahrräder sind zwar vielseitig einsetzbar, jeder Typ hat jedoch auch seine Grenzen.

Welcher Fahrradtyp?

Wenn Sie vor allem auf der Straße fahren wollen, kommen alle drei Fahrradtypen in Frage. Straßenräder haben ein ähnliches Design wie Rennräder. Der Lenker ist gebogen, und die Räder sind dünn mit wenig Profil. Diese Fahrräder sind leicht, aber trotzdem solide und verlässlich. Bedenken Sie, dass Sie auf einem Straßenrad tief gebeugt fahren und sich strecken müssen, um den Lenker zu erreichen. Diese Haltung kann eher unangenehm sein.

Eine Alternative für das Fahren auf der Straße ist das Hybridrad. Dieser Fahrradtyp reicht vom Straßenrad mit geradem Lenker bis zu Rädern, die praktisch Mountainbikes sind. Hybridräder eignen sich besonders für den Straßenverkehr, da sie dünnere Reifen als Mountainbikes haben und so besser kontrollierbar sind. Außerdem sitzen Sie aufrechter als auf einem Straßenrad, sodass Sie den Verkehr besser überblicken können. Hybridräder mit tieferem Reifenprofil sind auch für das Fahren im Gelände geeignet.

Wenn Sie einen großen Teil des Trainings im freien Gelände absolvieren möchten, sollten Sie sich für ein Mountainbike entscheiden. Diese Räder fangen die Stöße auf holprigem Terrain gut ab. Sie können mit Mountainbikes aber auch auf der Straße fahren, allerdings sind sie durch das tiefere Profil langsamer.

FAHRRADWAHL

Sobald Sie wissen, wie und wo Sie Ihr Rad benutzen wollen, können Sie sich in Fachzeitschriften über die Preise informieren. Wählen Sie danach ein Fachgeschäft aus. Will Ihnen der Verkäufer dort ein Rad verkaufen, das zu groß oder zu klein ist, Ihren finanziellen Rahmen sprengt oder in eine andere Kategorie gehört, suchen Sie sich ein anderes Fachgeschäft.

Straßenrad: Carbonfaser-Gabeln minimieren die Vibration des Lenkers; der Rennlenker ermöglicht eine aerodynamische Körperhaltung. Dreifache Kettenradsätze eignen sich für bergiges Terrain.

Hybridrad: Entscheiden Sie sich für V-Bremsen *(s. gegenüber)* und Reifen mit tiefem Profil, damit Sie im Gelände und auf der Straße fahren können. Im Straßenverkehr sollten Sie aufrecht sitzen.

Mountainbike: Wählen Sie ein Rad mit gedämpftem Federungssystem. Zwischen Schritt und Stange sollten 8-10 cm Platz sein, wenn Sie mit gespreizten Beinen über dem Fahrrad stehen.

WORAUF SIE ACHTEN SOLLTEN

Zur Feststellung der passenden Rahmengröße messen Sie Ihre Beinlänge innen vom Schritt bis zum Boden und vergleichen Sie die Werte mit der Tabelle *(s. rechts)*.

DER RAHMEN

Länge der Beininnenseite	Straßenradrahmen	Mountainbikerahmen	Größe
75–78 cm	48–51 cm	14–16 Zoll	S
79–82 cm	50–54 cm	16–17 Zoll	M
83–86 cm	53–57 cm	17–18 Zoll	L
87–90 cm	56–60 cm	19–21 Zoll	XL

Für Frauen gibt es spezielle Frauensattel; bitten Sie im Fachgeschäft darum den Sattel auszutauschen.

Verstellen Sie die Sattelstütze, um die richtige Sattelhöhe einzustellen.

Überprüfen Sie, ob Sie den Lenker gut erreichen können, wenn Sie im Sattel sitzen.

Manche Hybridräder sowie alle Straßenräder haben Felgenbremsen; einige Hybridräder sowie alle Mountainbikes haben V-Bremsen oder Scheibenbremsen.

Es gibt viele verschiedene Arten von Rädern und Reifen; wählen Sie diese nach Ihren Bedürfnissen aus *(s. unten)*.

Dreifache Kettenradsätze an Mountainbikes und Hybridrädern stellen eine Vielzahl von Gängen bereit.

RÄDER UND REIFEN

Im Gelände benötigen Sie breite Reifen mit tiefem Profil. Glatte, schmale Reifen auf Rädern mit wenigen Speichen sind ideal für das Fahren auf der Straße.

Mountainbikereifen Ein tiefes Profil macht die Reifen besonders griffig.

Glatter Straßenradreifen Leichtes Profil für das Fahren auf der Straße

Mehrzweckreifen Griffigkeit im Gelände und Fahren auf der Straße

SATTEL

Sie benötigen eine Sattelform, die speziell an die weibliche bzw. männliche Körperform angepasst ist und Ihr Gewicht passgenau stützen kann.

Männersattel
Er ist länglich und schmal geformt, stützt jedoch trotzdem gut.

Frauensattel
Dieser Sattel ist hinten etwas breiter als der Männersattel.

SCHUHE UND PEDALE

Schaffen Sie sich spezielle Radschuhe an, da diese Ihren Fuß gut stützen und vor unnötiger Belastung schützen. Außerdem können Sie so bequem und sicher trainieren. Welche Art von Schuh Sie benötigen, hängt natürlich davon ab, ob Sie flache Pedale, Renn- oder Klickpedale haben bzw. ob Sie auf der Straße oder im Gelände fahren.

Welche Schuhe und Pedale?

Flache Pedale sind für den normalen Gebrauch gut genug, allerdings können Sie die Pedale nur nach unten treten und nicht nach oben ziehen, da Ihr Fuß dafür nicht genügend Halt findet. Außerdem wird so nur ein Teil Ihrer Beinmuskulatur trainiert.

Eine zweite Möglichkeit sind Rennpedale, die mit einem Plastik- oder Metallhaken sowie einem Riemen bestückt sind, und somit den Fuß besser in der richtigen Position fixieren. Auf diese Weise können Sie etwas kräftiger treten als mit flachen Pedalen.

Am empfehlenswertesten sind jedoch Klickpedale, bei denen der Schuh in das Pedal einrastet. Da Ihre Beinmuskulatur die Pedale sowohl nach unten drücken als auch nach oben ziehen kann, fahren Sie mit diesem System am effizientesten. Außerdem ist Ihr Fuß immer korrekt positioniert. Es ist relativ einfach, den Schuh einrasten zu lassen und wieder zu lösen (*s. gegenüber*). Klickpedale gibt es für die Straße und fürs Gelände, auf die dann die jeweiligen Schuhe passen. Geländeschuhe und -pedale können Sie auch auf der Straße benutzen, vor allem bei Hybridrädern und wenn Sie zwischendurch absteigen und laufen. Straßenradschuhe eignen sich dagegen nur für das Fahren auf der Straße, man kann eher schlecht in ihnen laufen.

KLICKPEDALE

Bei Klickpedalen für Straßenräder sind die Funktionen im Pedalgehäuse enthalten, während Geländeklickpedale offen sind.

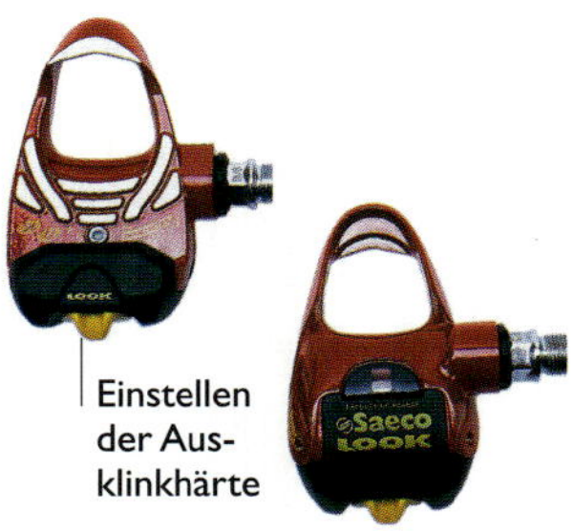

Straßenpedal Durch große Pedalklappen rasten die Schuhe in das Pedal ein. Dieses Modell kann nur mit Straßenschuhen verwendet werden. Es ist nicht für Fahren im Gelände geeignet.

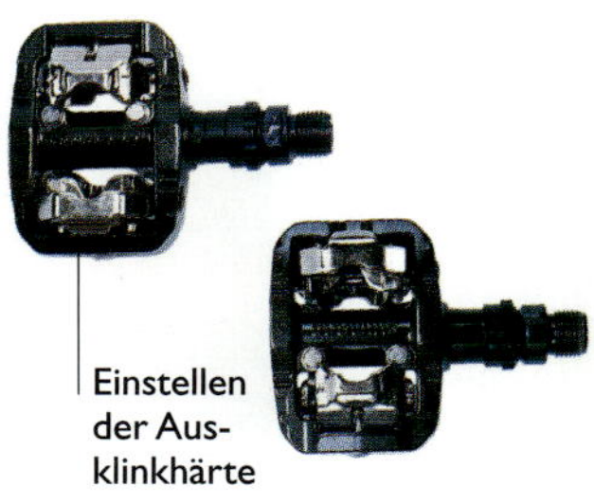

Geländepedal Zwei kleinere Pedalklappen rasten an beiden Seiten in eine Pedalplatte unter dem Schuh ein. Das erleichtert Auf- und Absteigen. Die Pedale können auf der Straße verwendet werden.

PASSENDE PEDALPLATTEN

Durch die richtige Positionierung der Pedalplatten wird die Kraftübertragung optimiert.

Den Schuh anziehen und die Stelle, wo Ihr Fuß am breitesten wird, seitlich markieren. Schuh ausziehen. Eine Linie von der Markierung bis zur Sohlenmitte, eine weitere im rechten Winkel aumalen. Pedalklappe so befestigen, dass die Linie durch die Mitte der Klappe läuft und parallel dazu ist.

TECHNIK: EINRASTEN UND HERAUSDREHEN

Sie profitieren maximal vom Rad fahren, wenn Sie Klickpedale benutzen, bei denen eine an Ihrem Schuh befestigte Pedalplatte in die Pedale einrastet. Ihr Fuß ist sicher mit dem Pedal verbunden, sodass Sie in jede Phase der Pedalumdrehung maximale Kraft legen können. Klickpedale sind sicher und einfach zu benutzen.

1 Stellen Sie sich mit gespreizten Beinen über Ihr Rad und drehen Sie ein Pedal etwas über die oberste Position hinaus nach vorn. Heben Sie die Pedalplatte des dazugehörigen Schuhs über die Pedale.

2 Berühren Sie das Pedal mit der Pedalplatte. Drücken den Fuß – zuerst mit dem vorderen Teil – nach unten. Beim Einrasten hören Sie ein Klicken. Treten Sie das Pedal nach unten durch. Heben Sie den anderen Fuß vom Boden.

3 Sobald das andere Pedal oben positioniert ist, berühren Sie mit dem zweiten Fuß das Pedal und drücken den Schuh darauf – wieder zuerst mit dem vorderen Teil des Fußes. Hören Sie auf das Klicken.

4 Um Ihren Schuh vom Pedal zu lösen, drehen Sie die Ferse nach außen. Der Anleitung des Herstellers entnehmen Sie, wie sich die Ausklinkhärte einstellen lässt. Am Anfang sollte sich der Schuh eher leicht lösen lassen.

AUSRÜSTUNG UND ZUBEHÖR

Angesichts der großen Auswahl an Fahrradausrüstung ist es oft schwierig zu beurteilen, was wirklich wichtig ist und auf welches Teil Sie verzichten können. Ich gebe Ihnen hier eine Empfehlung, welche Ausrüstungsgegenstände ich für notwendig halte. Diese Utensilien sind relativ kostengünstig, erhöhen Ihre Sicherheit und verstärken somit den Spaß am Rad fahren.

Der wichtigste Ausrüstungsgegenstand ist ein Helm, den Sie in jedem Fahrradgeschäft kaufen können. In manchen Ländern ist das Tragen von Helmen sogar gesetzlich vorgeschrieben.

Zudem sollten Sie immer einen zusätzlichen Fahrradschlauch, Werkzeug sowie eine Miniluftpumpe mitführen. Wenn Sie einen Platten haben, tauschen Sie den Schlauch aus und reparieren Sie ihn, sobald Sie zu Hause sind, damit Sie ihn beim nächsten Mal als Ersatzschlauch benutzen können. Es mag Ihnen übervorsichtig erscheinen, einen Ersatzschlauch mitzunehmen, allerdings kommen Sie so nicht in die missliche Lage, einen Platten bei Regen am Straßenrand flicken zu müssen. Lassen Sie Ihr Flickzeug trotzdem nicht zu Hause – wenn Sie Pech haben, holen Sie sich auf einer Fahrt zwei Platten.

Ein Schloss ist unverzichtbar, wenn Sie Ihr Rad unbeaufsichtigt lassen. Außerdem brauchen Sie Licht und Reflektoren für Fahrten in der Dunkelheit. Ein weißes Licht vorn und ein rotes Licht hinten sind gesetzlich vorgeschrieben. Darüber hinaus sollten Sie vorn und hinten sowie an den Pedalen Reflektoren anbringen. Reflektierende Streifen und blinkende LED Lichter werden empfohlen *(s. S. 42)*.

FAHRRADHELM

Es gibt keine vernünftige Begründung, auf einen Helm zu verzichten. Moderne Fahrradhelme sind leicht, sehen gut aus und schützen Ihren Kopf. Ein Helm kann Ihnen das Leben retten, egal, ob Sie im Gelände oder auf der Straße fahren. Er fängt die Wucht eines Sturzes ab, indem er zerbricht. Kaufen Sie ein Exemplar, das alle Sicherheitsstandards erfüllt.

Den Helm anpassen In der passenden Größe sitzt der Helm so eng am Kopf, dass Ihre Kopfhaut sich bewegt, wenn Sie den Helm mit offenen Riemen bewegen. Stellen Sie die Riemen so ein, dass der Helm waagerecht auf Ihrem Kopf anliegt.

Seitenansicht

Innenansicht

DIE GRUNDAUSSTATTUNG

Sie sollten beim Fahren immer Flickzeug und drei Montierhebel, einen Ersatzschlauch und eine Miniluftpumpe dabeihaben. Außerdem brauchen Sie Lichter und möglicherweise einen multifunktionalen Inbusschraubenzieher.

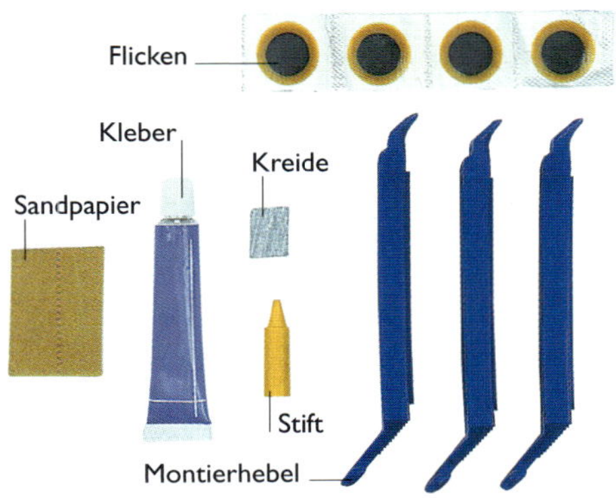

Flickzeug Dies sollte Sandpapier, Kleber, Kreide und Montierhebel beinhalten.

Fahrradschlauch Nehmen Sie immer einen Ersatzschlauch mit.

Vorderlicht Für Fahrten im Dunkeln benötigen Sie vorn am Rad ein gleichmäßig scheinendes, weißes Licht.

Miniluftpumpe Eine tragbare Luftpumpe dieser Größe passt in Ihren Rucksack.

Multifunktionaler Inbusschraubenzieher Öffnet verschiedene Schrauben.

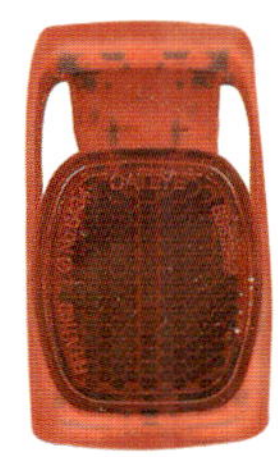

Rücklicht Bringen Sie hinten an Ihrem Rad ein rotes Licht und einen roten Reflektor an.

SCHLOSS UND SICHERHEIT

Kaufen Sie ein qualitativ hochwertiges Schloss, um Ihr Fahrrad stets sicher befest gen zu können.

Kabelschloss Benutzen Sie das biegsame Schloss, um Ihr Rad an unförmige Gegenstände zu schließen.

Bügelschloss Benutzen Sie das Schloss, um Ihr Rad an Laternen oder Geländer zu befestigen.

FAHRRADZUBEHÖR

Manche Räder haben keine Schutzbleche, die verhindern, dass Sie nass oder schmutzig werden. Hier sehen Sie weiteres Zubehör.

DIE RICHTIGE KLEIDUNG

Die Kleidung zum Rad fahren sollte Sie einerseits schützen und andererseits bequem sein. Schützen Sie die drei Stellen Ihres Körpers, die mit dem Rad Kontakt haben, durch gepolsterte Radlerhosen, Fahrradhandschuhe und feste Schuhe. Tragen Sie mehrere Kleidungsschichten, vor allem bei kaltem Wetter. Die unterste Schicht Ihrer Kleidung, die Sie direkt am Körper tragen, sollte den Schweiß von Ihrer Haut ableiten.

Winterkleidung für die Straße

Die unterste Kleidungsschicht sollte saugfähig und langärmlig sein, anschließend ziehen Sie abhängig von der herrschenden Kälte weitere Schichten darüber. Mehrere dünnere Schichten sind effektiver als eine dicke. Besonders empfehlenswert sind gepolsterte Radhosen.

Die meisten Modelle bedecken neben Gesäß und Beinen auch den unteren Teil Ihres Oberkörpers und wärmen damit den Rücken. Tragen Sie eine mittlere Schicht darüber, wenn es sehr kalt ist, am besten mit einer Kapuze, die unter Ihren Helm passt. Die äußere Schicht sollte langärmlig sowie wind- und wasserfest mit eng anliegenden Ärmeln sein.

Tragen Sie Radfahrer-Fingerhandschuhe. Diese sollten aus thermoisoliertem Material sein und Ihre Handgelenke bedecken. Ziehen Sie die Ärmel der mittleren oder äußeren Kleidungsschicht über die Handschuhe. Schützen Sie auch Ihre Füße durch Thermosocken und tragen Sie Überschuhe aus Neopren.

Sommerkleidung für die Straße

Tragen Sie ein dünnes, aber saugfähiges Unterhemd, über das Sie ein leichtes kurzärmliges Radtrikot ziehen – letztere haben Reißverschlüsse am Hals für eine bessere Luftzufuhr und Taschen am Rücken, in denen Sie beispielsweise Proviant oder Schlüssel unterbringen können.

Straßenfahrer tragen normalerweise gepolsterte Radlerhosen aus Lycra. Natürlich können Sie auch normale Shorts anziehen. Sie sollten nicht ohne Socken fahren, da Radschuhe meist kaum gepolstert sind. Benutzen Sie fingerlose Handschuhe, die Schweiß aufsaugen und Ihre Hände im Fall eines Sturzes schützen.

Schichten
Bei kalter Witterung sollten Sie mehrere Kleidungsstücke übereinander tragen; mehrere dünne Schichten isolieren besser als zwei dicke.

»Cool bleiben«
Sommerkleidung sollte leicht und atmungsaktiv sein; andere Materialien werden vom Schweiß sofort nass und sind dann unangenehm klamm.

Winterkleidung im Gelände

Die unterste Kleidungsschicht sollte langärmlig und sehr saugfähig sein. Darüber ziehen Sie gepolsterte Radhosen, um den Bauch zu bedecken und Ihren Körper warm zu halten. Die mittlere Schicht kann z.B. ein Radtrikot mit hohem Kragen sein. Die äußerste Schicht hat lange, eng anliegende Ärmel und ist idealerweise wind- und wasserfest. Es gibt speziell angefertigte Kleidung für Geländefahrten, die für verschiedene Witterungen geeignet ist. Sie besteht meist aus robustem Material, dem selbst Dornen und Äste nichts anhaben können, und besitzt Taschen für Karten, Proviant und zusätzliche Ausrüstung.

Tragen Sie Thermohandschuhe und Thermosocken. Wenn nötig, ziehen Sie über Ihre Geländeschuhe als Kälteschutz noch Überschuhe. Trainieren Sie bei sehr kaltem Wetter, sollten Sie eventuell spezielle Geländeschuhe für den Winter kaufen. Sinnvoll ist auch ein Thermostirnband zum Schutz der Ohren.

Sommerkleidung im Gelände

Tragen Sie ein leichtes, saugfähiges und kurzärmliges Unterhemd direkt auf der Haut. Ziehen Sie darüber ein Radtrikot aus ähnlichem Material an, das am Rücken Taschen für den Transport von Proviant besitzt. Benutzen Sie Radlerhosen aus Lycra oder spezielle Geländeshorts aus widerstandsfähigem, reißfestem Material. Da Mountainbikehosen nicht so eng anliegen, können sie Sie auch bei warmem Wetter gut tragen. Sie haben oft tiefe Taschen mit Reißverschluss, die sehr nützlich sein können.

Damit Ihre Füße genügend Luft bekommen, sollten Ihre Socken möglichst dünn und Ihre Schuhe atmungsaktiv sein. Fingerlose Handschuhe ermöglichen eine gute Haftung und schützen Ihre Hände, falls Sie stürzen.

Im Gebirge kann sich das Wetter innerhalb kürzester Zeit ändern. Nehmen Sie deshalb immer ein leichtes, wasserdichtes Oberteil mit.

Schutz vor den Elementen
Geländekleidung hält Sie warm und trocken und schützt Sie außerdem vor Dornen und Zweigen.

Kühl und geschützt
Tragen Sie etwas weitere Kleidung aus atmungsaktivem Material – so sind Sie vor Kratzern geschützt und Ihre Haut bekommt trotzdem genügend Luft.

INDOOR-TRAINING

Wenn das Wetter schlecht ist oder es früh dunkel wird, möchten Sie vielleicht lieber drinnen trainieren. Eine Möglichkeit dazu bieten Hometrainer oder Spinning-Räder. Sie können Ihr Fahrrad auch auf einen Rollentrainer (Cycletrainer) montieren. Dieses Gerät ermöglicht es Ihnen, den Widerstand, gegen den Sie fahren, besser zu kontrollieren. Der Cycletrainer simuliert das Fahrgefühl auf der Straße sehr gut.

Die Auswahl des Hometrainers

Es gibt verschiedene Modelle, wobei selbst die billigsten die wichtigen Parameter Distanz, Geschwindigkeit, Zeit, Widerstand und verbrauchte Kalorien anzeigen. Besser ausgestattete (und teurere) Räder verfügen ebenfalls über diese Funktionen und bieten meist noch Extras an wie unterschiedliche Widerstandsstufen, einprogrammierte Trainingseinheiten sowie integrierte Pulsmessgeräte. Wichtig ist, dass Sie bequem sitzen und den Monitor gut erreichen können, sodass Sie den Widerstand jederzeit verändern können. Ein Hometrainer mit schwerem Vorderrad ist stabiler, sollte aber Rollen haben, damit Sie das Gerät problemlos bewegen können. Wenn möglich, kaufen Sie ein Rad mit Fußriemen, damit Sie beim Treten auch an den Pedalen ziehen können.

FAHREN AUF DEM ROLLENTRAINER

Ein Rollentrainer (Cycletrainer) besteht aus einem Gestell, auf dem Sie Ihr Rad befestigen, und einer Widerstandsanlage. Bei einem Windtrainer wird der Widerstand durch ein flügelförmiges Paddel kontrolliert, das sich proportional zu Ihrer Trittgeschwindigkeit dreht. Je schneller Sie treten, desto schneller drehen sich auch die Paddelflügel, sodass der Windwiderstand genau wie im Freien mit zunehmender Geschwindigkeit ansteigt. Rollentrainer zeigen die Geschwindigkeit sowie Distanz an und simulieren durch einen magnetischen Widerstand Steigungen.

Die korrekte Position

Bevor Sie mit dem Training beginnen, überprüfen Sie, ob die Sattelhöhe für Sie richtig eingestellt ist. So können Ihre Muskeln beim Treten besonders effektiv arbeiten. Für Angaben zur Einstellung der korrekten Sitzposition siehe Schritt 1 auf *S. 30*.

Welche Kleidung?

Tragen Sie entweder Radlerhosen aus Lycra oder Shorts, die gepolstert sein sollten und ein Oberteil aus atmungsaktivem und saugfähigem Material. Ihre Schuhe sollten speziell zum Rad fahren geeignet sein und Ihre Füße gut stützen. In normalen Turnschuhen biegt sich der Fuß während des Tretens nach unten, was zu einer übermäßigen Belastung der Bänder führen kann - derartige Schuhe sind nicht geeignet.

Training in belüfteten Räumen
Wenn Sie drinnen trainieren, schwitzen Sie möglicherweise stark. Achten Sie darauf, dass der Raum gut belüftet wird oder benutzen Sie einen Ventilator.

TECHNIK UND KÖNNEN

Wenn Sie Anfänger sind oder schon länger nicht mehr in die Pedale getreten haben, vermitteln Ihnen die folgenden Seiten wichtige Grundkenntnisse, die Ihr technisches Können verbessern. Sie lernen die richtige Sitzposition einzunehmen, um bequem und effizient trainieren zu können. Alle entscheidenden Bereiche des Radfahrens, wie Bremsen, Schalten und Kurventechnik, werden abgedeckt. Zusätzlich werden die Feinheiten einer guten Tritttechnik beschrieben, sodass Ihre Beinmuskulatur umfassend trainiert wird und keine Krämpfe auftreten, wenn Sie im Sattel sitzen.

DIE RICHTIGE SITZPOSITION

Nachdem Sie sich ein Fahrrad mit der passenden Rahmengröße zugelegt haben *(s. S. 16–17)*, müssen Sie die Sattelhöhe an Ihre Körpergröße anpassen. Dies hilft Ihnen bei der Beherrschung des Rades und verbessert Ihre Beinkraft, da Ihre Muskeln beim Treten effizienter arbeiten können. Außerdem sitzen Sie bequemer, wenn Höhe und Position des Sattels richtig eingestellt sind.

1 Lehnen Sie sich gegen eine Wand und bitten Sie jemanden, Ihnen zu helfen. Ziehen Sie einen Schuh aus und sitzen Sie aufrecht im Sattel. Treten Sie das Pedal bis nach unten durch und stellen Sie Ihre Ferse darauf.

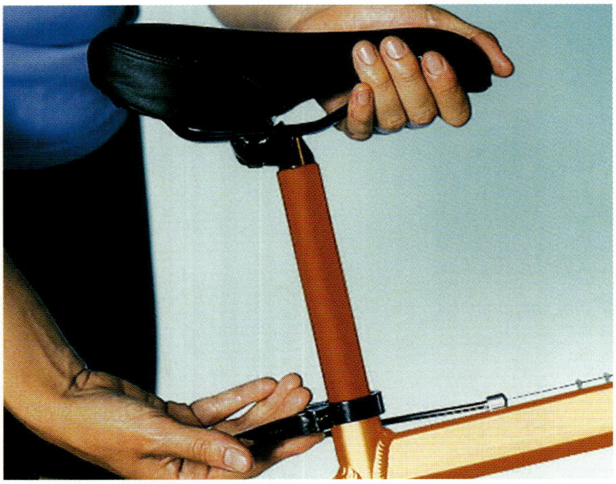

2 Sattelhöhe verändern, bis Ihr Bein ganz gestreckt ist. Die Höhe ist korrekt, wenn Ihr Bein durchgestreckt ist und die Ferse gleichzeitig auf dem Pedal steht.

3 Überprüfen Sie, ob die Schraube der Sattelstütze fest ist. Bitten Sie Ihren Helfer, sich hinter das Rad zu stellen. Fahren Sie von Ihrem Helfer weg, damit er sehen kann, ob Ihre Hüften sich beim Treten bewegen. Sollten Ihre Hüften sich bewegen, ist der Sattel zu hoch eingestellt und Sie müssen Schritt 1 wiederholen.

4 Lehnen Sie sich gegen eine Wand, bringen Sie die Pedale auf gleiche Höhe und stellen Sie Ihren Fußballen auf die Pedalachse. Bei Klickpedalen müssen Sie die Pedalplatten unter Ihren Schuhen anpassen. Dann überprüft der Helfer, ob die Mitte Ihres Kniegelenks senkrecht über dem Fußballen positioniert ist.

5 Die Bremshebel sollten so ausgerichtet sein, dass sie beim Bremsen die verlängerte Linie Ihrer Arme bilden. Zudem sollten Sie in der Lage sein, mit zwei Fingern zu bremsen. Müssen die Bremshebel angepasst werden, halten Sie sich bei der Einstellung an die Anweisungen des Herstellers oder wenden Sie sich an ein Fachgeschäft.

BREMSEN UND SCHALTEN

Eine vorausschauende Fahrweise ist entscheidend für effizientes Bremsen und Schalten. Behalten Sie den Streckenverlauf immer im Auge. Bremsen Sie rechtzeitig. Schalten Sie bereits kurz vor dem Beginn einer Steigung oder eines Gefälles. Benutzen Sie bergauf einen niedrigeren Gang (kleineres Kettenblatt, größeres Ritzel) und bergab einen höheren (größeres Kettenblatt, kleineres Ritzel).

AUF DER STRASSE

Wenn Sie einen Berg anfahren und in großen Stufen schalten müssen, sollten Sie zunächst das passende Kettenblatt wählen und anschließend mit dem Ritzel die Übersetzung abstimmen, sodass ein bequemer Trittrhythmus entsteht. Überprüfen Sie vor der ersten Fahrt, welcher Bremshebel die Vorderrad- bzw. welcher die Hinterradbremse bedient. Der linke Schalthebel schaltet zwischen den Kettenblättern, der rechte zwischen den Ritzeln.

1 Auf ebenem Untergrund vor allem die Vorderradbremse, bei abruptem Halt beide Bremsen benutzen. Auf flachen Wegen, im Straßenverkehr oder beim Bergauffahren Hände im oberen Bereich der Bremshebel positionieren. Setzen Sie die Bremsen gleichmäßig, mit zunehmendem Druck ein.

2 Bei einer Abfahrt Bremshebel am unteren Ende fassen, um die Hebelwirkung auszunutzen. Benutzen Sie bei leichtem Gefälle die Vorderradbremse, bei steileren Abfahrten zusätzlich die Hinterradbremse. Je steiler die Abfahrt ist, desto stärker sollten Sie die Hinterradbremse verwenden.

Shimano-Bremse
Bremshebel zum Hochschalten nach innen drücken; mit dem zweiten Hebel herunterschalten.

3 Bei Campagnolo-Brems- bzw. Schaltsystemen drücken Sie den Hebel unter den Bremshebel, um von einem kleineren zu einem größeren Kettenblatt / Ritzel zu schalten. Um zu einem kleineren Kettenblatt / Ritzel zu schalten, drücken Sie eine Taste auf der Innenseite des Bremshebels.

Bei Shimano-Systemen schalten Sie zu einem größeren Kettenblatt / Ritzel, indem Sie den Bremshebel insgesamt nach innen drücken. Um zu einem kleineren Kettenblatt / Ritzel zu schalten, drücken Sie einen Hebel unter dem Bremshebel nach innen.

4 Das Campagnolo-System ermöglicht es, mit nur einer Hebelbewegung über mehrere Ritzel zu schalten. Bei Shimano-Systemen funktioniert dies nur, wenn Sie von kleineren zu größeren Ritzeln schalten – in entgegengesetzter Richtung müssen Sie den Hebel mehrmals betätigen.

5 Während des Schaltens weitertreten. Bei integrierten Brems-/ Schaltsystemen können Sie sogar schalten, wenn Sie aus dem Sattel gehen. Dabei sollten Sie Ihre Trittfrequenz jedoch ein wenig verlangsamen. Nabenschaltungen müssen in der Regel ohne Last betätigt werden.

IM GELÄNDE

Bei losem oder unebenem Untergrund im Gelände müssen Sie früher und vor allem vorsichtiger bremsen als auf der Straße. Heftiges Bremsen führt auf losem Untergrund leicht zum Blockieren der Räder. Bleiben Sie beim Bergauffahren und bei losem Untergrund im Sattel, da dies die Kraftübertragung Ihres Hinterrades erhöht. Benutzen Sie darüber hinaus einen kleineren Gang als normalerweise.

1 In ebenem Gelände vor allem die Vorderradbremse benutzen – sie reagiert leichter als die Hinterradbremse. Die Hinterradbremse zusätzlich einsetzen, wenn Sie heftiger bremsen müssen. Jeweils mit zwei Fingern bremsen (zwei Finger und der Daumen bleiben am Lenker).

2 Die Hinterradbremse vor allem bei der Abfahrt einsetzen. Benutzen Sie sie in Verbindung mit der Vorderradbremse, bei steileren Abfahrten sollten Sie jedoch verstärkt die Hinterradbremse einsetzen. Wenn Sie vorne zu stark bremsen, löst sich das Hinterrad leichter vom Boden.

Am Hebel ziehen: zu einem kleineren Kettenblatt/ Ritzel schalten.

3 Unteren Hebel drücken, um zu einem größeren Kettenblatt/Ritzel zu schalten. Um zu einem kleineren Kettenblatt/Ritzel zu schalten, ziehen Sie den oberen Hebel mit dem Zeigefinger zu sich heran.

4 Unterschiedlich geformte Zähne an Kettenblatt und Ritzel erleichtern das Schalten. Wenn Sie von kleineren zu größeren Kettenblättern schalten, sollten Sie weniger stark in die Pedale treten.

5 Darauf achten, weder das größte Kettenblatt mit dem größten Ritzel, noch das kleinste Kettenblatt mit dem kleinsten Ritzel zu kombinieren. Fahrradketten sind zwar elastisch, funktionieren aber am besten, wenn sie sich in einer möglichst geraden Linie befinden.

6 Sie können auch schalten, wenn Sie aus dem Sattel gehen, allerdings sollten Sie vor allem bei holprigem Gelände etwas leichter treten. Dies gilt sowohl für das Hoch- als auch das Herunterschalten. Schalten Sie niemals gleichzeitig Ritzel und Kettenblätter.

KURVEN

Eine sichere und gute Kurventechnik zeichnet sich dadurch aus, dass Sie eine gute Kurvenlinie wählen und geschickt Ihr Körpergewicht verlagern. Ihre Anfahrtslinie in eine Kurve bestimmt den Weg, auf dem Sie aus ihr herauskommen. Durch Veränderungen Ihrer Körperposition verlagern Sie Ihr Gewicht, sodass Sie besser durch die Kurve fahren können und gleichzeitig weder Balance noch Kontrolle verlieren.

KURVENANFAHRT IM STRASSENVERKEHR

Bei wenig Verkehr können Sie eine Kurve mit höherem Tempo angehen, sollten aber darauf achten, dass Sie auf der richtigen Straßenseite aus der Kurve herauskommen. Wenn Sie nach links abbiegen wollen, beginnen Sie die Kurvenanfahrt auf der Innenseite Ihrer Fahrspur und machen einen großen Bogen, um nicht mit Fahrzeugen zu kollidieren, die aus der Richtung kommen, in die Sie einbiegen.

1 Bei einer Rechtskurve schauen Sie zunächst über die linke Schulter, um die Verkehrssituation zu überblicken. Um zu verhindern, dass Sie während der Kopfdrehung in die Blickrichtung lenken, versuchen Sie Ihren linken Arm zu entspannen.

2 Ist die Straße frei, fahren Sie in die Straßenmitte, um einen größeren Kurvenradius zu erreichen. Auf die Geschwindigkeit herunterbremsen, mit der Sie die Kurve durchfahren wollen. Sollte die Straße nach der Kurve ansteigen, rechtzeitig in einen niedrigeren Gang schalten.

3 Hören Sie auf zu treten und lehnen Sie das Rad in die Kurve. Das Innenpedal sollte oben bleiben, damit es auf keinen Fall die Straße berühren kann. Ihr inneres Knie zeigt in Richtung der Kurve, während Sie das Gewicht auf das äußere Bein verlagern. Balancieren Sie Ihr Rad so aus, dass die tiefste Neigung direkt am Scheitelpunkt erreicht wird.

4 Sobald Sie aus der Kurve kommen und mit dem Rad aufrecht geradeaus fahren, gehen Sie aus dem Sattel, um zu beschleunigen. Sie sollten jedoch vorher unbedingt Ihre Position auf der Straße kontrollieren.

KURVENANFAHRT IM GELÄNDE

Im Gelände nehmen Sie eine Kurve am schnellsten, indem Sie sie von außen anfahren, zum Scheitelpunkt hin enger werden und relativ weit außen herauskommen. Behalten Sie mindestens ein mittleres Tempo bei. Achten Sie jedoch auf die Bodenbedingungen. Fahren Sie keine Linie, die über losen Untergrund führt. Auf viel befahrenen Wegen müssen Sie Rücksicht auf Spaziergänger und andere Radfahrer nehmen.

1 Schauen Sie nach hinten und nach vorn, bevor Sie sich für die Kurve in Position bringen und schätzen Sie die beste Kurvenlinie ab. Bei einer Rechtskurve fahren Sie auf der linken Seite des Weges und bremsen Sie, um die Geschwindigkeit zu verringern. Wählen Sie bereits jetzt den Gang, den Sie nach der Kurve benötigen.

2 Hören Sie auf zu treten. Das Innenpedal sollte sich oben befinden, damit es nicht den Boden berühren kann. Neigen Sie sich in die Kurve, während Sie Ihr inneres Knie leicht ausstellen. So verlagern Sie Ihr Gewicht und können das Rad besser durch die Kurve lenken.

3 Schneiden Sie die Kurve an ihrem Scheitelpunkt. Verlagern Sie Ihr Körpergewicht auf Ihr äußeres Bein, um das Rad zu kontrollieren und nicht nach außen driften zu lassen. Haben Sie die Kurve zu eng genommen, ziehen Sie Ihr inneres Knie leicht zu sich heran, haben Sie sie zu weit genommen, verlagern Sie mehr Gewicht auf Ihr äußeres Bein. Entspannen Sie die Arme, um Unebenheiten des Bodens abzufedern.

4 Sobald Sie aus der Kurve kommen und geradeaus fahren, gehen Sie aus dem Sattel, um zu beschleunigen. Bevor Sie wieder zu treten beginnen, sollte sich Ihr Rad in aufrechter Position befinden.

EFFIZIENTES TRETEN

Um effizient zu treten, sollten Sie den Winkel Ihrer Füße immer wieder verändern, damit während der gesamten Umdrehung Kraft in die Pedale übertragen wird. Dies stärkt die Beinmuskeln, die während der ganzen Umdrehung benutzt werden, sodass Sie vom Rad fahren maximal profitieren. Keine Angst, wenn es anfangs kompliziert aussieht – es handelt sich um einen Vorgang, der leicht zu erlernen ist.

1 Drücken Sie das Pedal leicht nach vorn, bevor Sie es nach unten treten – es ist schwierig nach unten zu treten, wenn das Pedal senkrecht nach oben steht. Benutzen Sie in dieser Phase Ihre Oberschenkelmuskeln.

2 Bewegt sich das Pedal dann nach vorn, drücken Sie Ihre Ferse etwas nach unten, damit Ihr Bein sich leichter nach vorn und unten bewegt. Nun arbeiten Ihre Oberschenkel- und Wadenmuskeln zusammen.

3 Im weiteren Verlauf der Umdrehung drücken Ihre Gesäß- und Oberschenkelmuskeln mit Hilfe Ihrer Waden die Pedale nach unten, während Sie Ihre Zehen tiefer als Ihre Ferse halten. Dies ist die kraftvollste Phase der Pedalumdrehung.

4 Sobald Sie das Pedal nicht weiter nach unten treten können, ziehen Sie es wieder hinauf. Die Bewegung ist so ähnlich, als wollten Sie etwas von der Sohle Ihres Schuhes abkratzen. Benutzen Sie dafür Kniebeuger und Wadenmuskeln.

5 Fahren Sie schnell auf ebenem Untergrund, können Sie in dieser Phase die Muskeln des entlasteten Beins entspannen. Sollten Sie langsam fahren oder bergauf aus dem Sattel gehen, ziehen Sie in dieser Phase stärker am Pedal. Nutzen Sie dabei Ihre Kniebeuger und Wadenmuskulatur.

6 Gegen Ende der Umdrehung beginnen Sie wieder, die Pedale nach vorne zu drücken. Mit etwas Übung werden Sie in der Lage sein, den richtigen Zeitpunkt dafür zu finden, ohne dass Ihre Beinmuskulatur sich dabei verspannt.

SICHERHEIT

Achten Sie auf sich verändernde Straßen- oder Wegverhältnisse sowie auf andere Verkehrsteilnehmer. Rechnen Sie immer mit unerwarteten Bewegungen anderer Menschen. Wenn Sie mit Ihrem Fahrrad noch nicht ausreichend vertraut sind, üben Sie auf einer wenig befahrenen, ebenen Strecke, bevor Sie sich auf die Straße oder ins Gelände wagen.

FAHREN BEI DUNKELHEIT

Es ist nicht ratsam, bei Dunkelheit zu trainieren. Sollten Sie dennoch abends fahren müssen, ergreifen Sie alle denkbaren Maßnahmen, um sich so gut erkennbar wie möglich zu machen.

Vor- und Rücklichter sind mittlerweile gesetzlich vorgeschrieben, aber um wirklich sicherzugehen, sollten Sie zusätzlich LED-Lichter verwenden und auch an Ihrer Kleidung blinkende LED-Lichter befestigen. Tragen Sie Kleidung mit reflektierenden Streifen, besonders an den Beinen, und benutzen Sie Reflektoren in Ihren Speichen, da diese Sie als Radfahrer kenntlich machen.

In der Dunkelheit auf unbeleuchteten Straßen zu trainieren ist ganz offenkundig gefährlich. In größeren Städten können Sie eventuell auf gut beleuchtete Gewerbegebiete ausweichen, in denen außerhalb der Arbeitszeiten wenig Verkehr herrscht.

GEFÄHRLICHE STRASSENBELÄGE

Es gibt verschiedene Techniken für das Fahren auf schwierigen Straßenbelägen. Allerdings ist es im Notfall ratsamer abzusteigen.

Straßenmarkierungen sind rutschig, sobald sie nass werden, weshalb Sie versuchen sollten, sie zu umfahren. Falls dies nicht möglich ist, überqueren Sie sie langsam und möglichst in einem rechten Winkel.

In vielen Städten gibt es noch Kopfsteinpflaster. Vor einem kurzen Stück Kopfsteinpflaster gehen Sie am besten aus dem Sattel, hören auf zu treten und verlagern das Gewicht nach hinten. Lassen Sie die Muskeln an Armen und Beinen die Stöße abfangen. Bei längeren Abschnitten setzen Sie sich im Sattel zurück und treten Sie schnell. Besonders tückisch und rutschig ist Kopfsteinpflaster bei Regen. Durchfahren Sie Kurven in diesem Fall sehr vorsichtig.

Falls sich eines Ihrer Räder in Straßenbahnschienen verfängt, ist ein Sturz fast vorprogrammiert. Müssen Sie sie überqueren, fahren Sie sie langsam und im rechten Winkel an.

Nässe macht fast alle Oberflächen rutschig. Dies gilt vor allem nach längerer Trockenheit. Durch den Verkehr sammelt sich Öl auf der Straße und der erste Regen kann diese Oberflächen sehr rutschig machen. Achten Sie auf den Regenbogeneffekt von Öl auf Wasser und meiden Sie diese Stellen. Umfahren Sie auch Pfützen. Fahren Sie nie auf vereisten Straßen.

SICHERHEIT IM STRASSENVERKEHR

Bevor Sie sich in den Straßenverkehr wagen, sollten Sie in der Lage sein, Ihr Rad auch bei langsamer Geschwindigkeit auszubalancieren ohne zu wackeln. Außerdem müssen Sie während des Rückwärtsschauens weiter geradeaus fahren können. Fahren Sie rücksichtsvoll und respektieren Sie die anderen Verkehrsteilnehmer. Beachten Sie die folgenden Sicherheitshinweise.

SICHERES LOSFAHREN

Bevor Sie losfahren, schauen Sie über Ihre Schulter, um die Verkehrslage hinter sich zu überblicken. Sobald eine ausreichend große Lücke entsteht, zeigen Sie mit einem Handsignal an, dass Sie beabsichtigen, loszufahren und fädeln Sie sich in den Verkehr ein. Benutzen Sie beim Losfahren einen niedrigen Gang, damit Sie nicht wackeln.

UMSICHT IM VERKEHR

Während Sie im Straßenverkehr unterwegs sind, achten Sie darauf, was um Sie herum passiert. Achten Sie auf Fahrzeuge, die an Einmündungen darauf warten, losfahren zu können. Seien Sie bremsbereit. Fahren Sie in mit gleichmäßiger und angepasster Geschwindigkeit, aber nicht zu langsam.

DIE KONTROLLE BEHALTEN

Bei einem Hybridrad oder Mountainbike sollten Sie stets zwei oder drei Finger am Bremshebel haben. Bei einem Straßenrad legen Sie Ihre Hände oben auf die Bremsträger. Wenn Sie langsamer werden oder anhalten müssen, sollten Sie in einen niedrigen Gang schalten, sodass Sie problemlos wieder losfahren können.

UMSCHAUEN

Schauen Sie sich um, bevor Sie abbiegen. Tun Sie dies mehrmals. Machen Sie sich bewusst, dass Sie eventuell in die Richtung driften, in die Sie schauen. Um das zu verhindern, entspannen Sie Ihren Arm.

ABSTAND HALTEN

Fährt das Fahrzeug vor Ihnen mit gleicher Geschwindigkeit, halten Sie genügend Abstand, für den Fall, dass es bremst. Lassen Sie sich jedoch nicht zu weit zurückfallen, sonst werden Sie von allen überholt.

HANDZEICHEN GEBEN

Geben Sie immer ein Handzeichen, wenn Sie abbiegen. Schauen Sie sich um, entscheiden Sie dann, in welchem Tempo Sie abbiegen können und bremsen Sie ab. Geben Sie das Handzeichen. Strecken Sie Ihren Arm aus und zeigen Sie mit dem Finger. Schauen Sie sich noch einmal um. Wenn alles sicher ist, biegen Sie ab.

LAKE

FITNESS, ERNÄHRUNG UND TRAINING

Wissenschaftliche Untersuchungen haben ergeben, dass Athleten sich nach einem strukturierten Trainingsplan richten sollten, um möglichst große Fortschritte zu erzielen. Außerdem ist es wichtig, ein Trainingsprogramm immer mit einer ausgewogenen Ernährung zu kombinieren. In diesem Kapitel erläutere ich die Trainings- und Ernährungsprinzipien, die das vorgestellte Programm unterstützen. Zusätzlich werden Aufwärmtechniken und Stretchingübungen zum Cool-down nach jedem Training vorgestellt, und ich zeige Ihnen wichtige Übungen für Bauch, Oberkörper sowie unteren Rücken. Absolvieren Sie den Fitnesstest am Ende dieses Kapitels, damit Sie die Leistungsstufe ermitteln, auf der Sie das Programm am besten durchführen.

TRAININGSRICHTLINIEN

Sie werden merken, wie sich Ihre Fitness im Laufe des Trainings ständig verbessert. Es wird Ihnen nicht schwer fallen, Ihre Motivation aufrechtzuerhalten, da Sie schnell einen Zuwachs an Energie und Vitalität spüren. Zudem sind Ihre Muskeln kräftiger und definierter. Beobachten Sie, wie Ihr Körper reagiert, wenn Sie an Ihre Grenzen gehen. Dies wird Sie weiter ermutigen.

Fitness aufbauen

Das in diesem Buch vorgestellte Trainingsprogramm konzentriert sich auf zwei Hauptelemente der Fitness: zunächst auf die aerobe bzw. kardiovaskuläre Fitness, die die Effizienz und Kapazität Ihres Kreislaufsystems (Herz, Lunge und Blutgefäße) verbessert. Vereinfacht gesagt beinhaltet dies alle Trainingseinheiten, bei denen Ihre Herzfrequenz steigt. Die zweite Form ist die muskuläre Fitness. Sowohl das Treten als auch das Halten des Lenkers kräftigt Ihre Muskeln und bringt sie in Form, da sie gegen einen Widerstand arbeiten müssen.

Unterschiedliche Trainingsgrade

Um aerobe Fitness aufzubauen, trainieren Sie mit verschiedenen Intensitäten (*s. rechts* Trainingsgrade). Diese werden durch Ihre maximale Herzfrequenz (MHF) bestimmt. Sie berechnen Ihre MHF, indem Sie Ihr Alter von 220 subtrahieren. Demzufolge hätte ein 36-Jähriger eine MHF von 184 Schlägen pro Minute. Um die jeweilige Herzfrequenz für die verschiedene Trainingsgrade auszurechnen, multiplizieren Sie Ihre MHF mit 0,6, 0,7, 0,75, 0,8 und 0,85.

Zum Überprüfen Ihrer Herzfrequenz beim Rad fahren können Sie entweder ein Pulsmessgerät (*s. gegenüber*) benutzen oder manuell nachmessen (dabei müssen Sie jedoch anhalten und erhalten somit kein genaues Ergebnis). Eine weitere gute Methode zur Einschätzung Ihrer MHF ist der Sprechindex (*s. rechts*).

TRAININGSGRADE

Intensität	Herzfrequenz (% MHF)	Sprechindex
Erholung	60–70	Normales Unterhalten möglich
Ausdauer	70–75	Kurzes Atemholen nach jedem Satz
Mittlere Belastung	75–80	Tiefes Atemholen nach jedem Satz
Hohe Belastung	80–85	Tiefes Atemholen nach drei oder vier Wörtern
Maximale Belastung	85 und mehr	Kein Sprechen mehr möglich

Erholung ist der Level, auf dem Sie am Tag nach einer anstrengenden Trainingseinheit arbeiten. Dieses leichte Training hilft Ihrem Körper sich zu erholen.

Ausdauer ist der Trainingslevel, der Ihren Herzmuskel stärkt. Das führt dazu, dass mehr Sauerstoff durch den Körper in die Muskeln gelangt.

Mittlere Belastung ist der Trainingslevel, auf dem Ihre Muskeln den Sauerstoff, den Sie durch das Herz und das Kreislaufsystem bekommen, effizienter verarbeiten.

Hohe Belastung ist der härteste Level, auf dem Sie konstant trainieren können. Der Körper kann die dabei produzierte Milchsäure noch abtransportieren.

Maximale Belastung ist der härteste Level, auf dem Sie aerob trainieren können. Bei jeder Anstrengung, die darüber liegt, erreicht nicht genug Sauerstoff Ihre Muskeln.

FAHRRADCOMPUTER

Dieses Gerät zeigt Ihnen Ihre Geschwindigkeit sowie die zurückgelegte Distanz an. Besser ausgestattete Modelle informieren zudem über die momentane, die durchschnittliche und die maximale Geschwindigkeit. Eine feste Route, bei der Sie jedes Mal stoppen, wie lange Sie brauchen, hilft Ihnen, Ihre Fortschritte zu messen.

Pulsmessgerät
Ein Riemen um die Brust kontrolliert Ihre Herzfrequenz und sendet ein Signal an ein kleines Gerät, das an Ihrem Handgelenk oder am Lenker befestigt ist. Es zeigt kontinuierlich Ihre Herzfrequenz an.

Manuelles Pulsmessen
Mittel- und Zeigefinger auf die Arterie unter dem Kieferknochen legen. 15 Sekunden den Puls zählen und diese Zahl mit vier multiplizieren. So erhalten Sie die Anzahl der Herzschläge pro Minute.

ERNÄHRUNG

Um maximal von dem hier vorgestellten Programm zu profitieren, ist es wichtig, dass Sie Ihr Training durch eine gesunde und ausgeglichene Ernährung ergänzen. Es gibt verschiedene Nahrungsgruppen, die ganz bestimmte Funktionen im Körper ausüben. Bauen Sie alle Nahrungsgruppen in Ihren täglichen Ernährungsplan ein und passen Sie die Nahrungsmenge Ihrem jeweiligen Trainingsgrad an.

Kohlenhydrate

Der Körper spaltet Kohlenhydrate in Glukose, die als Energiequelle für unsere Muskeln dient. Es gibt zwei Arten von Kohlenhydraten: Einfach- und Mehrfachzucker. Aufgrund der komplexeren Struktur dauert es länger, bis Mehrfachzucker aufgespalten werden. Somit geben sie langsam, aber stetig Energie ab. Gute Mehrfachzuckerlieferanten sind Vollkornbrot, Vollkornnudeln, Bohnen und Basmatireis. Diese Nahrungsmittel sind ideal für Radfahrer, da sie dem Körper helfen, die langfristigen Energieanforderungen zu erfüllen. Im Gegensatz dazu werden Einfachzucker schnell gespalten. Sie geben dem Körper somit einen raschen Energieschub, auf den jedoch bald ein Energietief folgt. Versuchen Sie deshalb auf zucker- und kohlensäurehaltige Getränke, Kekse sowie Schokoladenriegel zu verzichten.

Proteine

Unser Verdauungssystem spaltet Proteine in Aminosäuren, die der Körper als Bausteine benutzt, um Gewebe zu reparieren und neue Muskeln aufzubauen. Tierisches Eiweiß enthält alle Aminosäuren, die der Körper benötigt. Vegetarier müssen deshalb verschiedene Nahrungsmittel »richtig« kombinieren. Gute Kombinationen sind Mais mit Bohnen, Reis mit Erbsen oder Linsen mit Brot. Einen besonders hohen Proteinanteil haben Fleisch, Käse, Bohnen, Hülsenfrüchte, Eier, Samen und Nüsse.

Fette

Es gibt »gute« (ungesättigte) und »schlechte« (gesättigte) Fette. Ungesättigte Fettsäuren sind ein wich-

Essen Sie viel frisches Obst und Gemüse. Nehmen Sie fette Fischarten öfter in Ihren Speiseplan auf, sie enthalten wertvolle Nährstoffe und »gute« Fette. Greifen Sie zu Vollkornbrot.

tiger Teil unserer Ernährung. Sie dienen besonders bei längeren Aktivitäten mit niedriger Intensität als wichtiger Brennstoff. Zudem helfen sie dem Körper, Vitamine aus anderen Nahrungsmitteln aufzunehmen. Gesättigte Fettsäuren verlangsamen hingegen den Stoffwechsel, erhöhen den Cholesterinspiegel sowie den Blutdruck und können Herzleiden hervorrufen. Schlechte Fette sind bei Raumtemperatur fest, gute Fette flüssig. Demnach ist der Fettanteil im Fleisch schlecht und sollte gemieden werden, während Olivenöl wertvoller Bestandteil der Ernährung ist. Achten Sie auf versteckte schlechte Fette in Nahrungsmitteln, wie Kuchen, Keksen und Fertigprodukten. Meiden Sie Nahrungsmittel, die große Mengen von gesättigten Fettsäuren enthalten.

Vitamine und Mineralien

Diese für Wachstum, Regenerierung und bestimmte Stoffwechselprozesse unverzichtbaren Nährstoffe sind in verschiedenen Nahrungsmitteln enthalten. Oft werden sie durch zu langes Kochen und falsche Lagerung zerstört. Nehmen Sie viele frische Nahrungsmittel zu sich. Rohe Früchte und rohes Gemüse sind sehr vitamin- und mineralstoffhaltig.

Ernährung zur Ergänzung Ihres Trainings

Beachten Sie während der Trainingsphasen folgende Ernährungsregeln:

• Setzen Sie Ihre tägliche Ernährung aus allen Lebensmittelgruppen zusammen. Das Verhältnis zwischen Kohlenhydraten, Proteinen und Fetten sollte dabei ungefähr fünf zu zwei zu eins betragen. (Denken Sie jedoch daran, nur gute Fette zu essen und die schlechten möglichst ganz zu vermeiden.)

• Versuchen Sie, jeden Tag mindestens fünf Portionen frisches Obst und Gemüse zu essen. Eine Portion besteht z.B. aus einem Stück Obst oder ca. drei gehäuften Esslöffeln Gemüse. Sie können auch zu Fruchtsäften greifen. Dies gilt ebenfalls als eine Portion, egal, wie viel Sie trinken.

TRAININGS- UND ERNÄHRUNGSZIELE

Höchstwahrscheinlich werden Sie abnehmen, wenn Sie das Programm des Buches absolvieren und Ihr Training durch eine gesunde, ausgeglichene Ernährung unterstützen. Eine Reduzierung der Kalorienzufuhr verbunden mit einem erhöhten Trainingspensum lässt die Kilos am effektivsten purzeln. Ich zeige Ihnen im Folgenden einige Methoden, wie Sie mithilfe kleiner Veränderungen Ihre unterschiedlichen Trainingsziele erreichen können.

Abnehmen: Reduzieren Sie bei jeder Mahlzeit den Kohlenhydratanteil und essen Sie dafür mehr frisches Obst und Gemüse. Idealerweise ist Ihr Teller zur Hälfte mit Gemüse sowie jeweils zu einem Viertel mit Kohlenhydraten und Proteinen gefüllt.

Sobald Sie Ihr Wunschgewicht erreicht haben, können Sie den Anteil an Kohlenhydraten langsam wieder erhöhen bis er gleich hoch ist, wie die Energiemenge, die Sie verbrauchen. Dieser Balancepunkt ist erreicht, wenn Sie weder Gewicht verlieren noch zunehmen. Wiegen Sie sich regelmäßig. Stellen Sie Ihre Ernährung erst um, wenn sich eine konstante Entwicklung abzeichnet.

Muskelaufbau: Ernähren Sie sich ausgewogen. Nehmen Sie etwas mehr Protein zu sich, sodass Sie täglich 2 g Eiweiß für jedes Kilogramm Ihres Körpergewichts essen.

Vorbereitung auf längere Strecken: Nehmen Sie am Vortag eine große Menge Mehrfachzucker zu sich, die in Nudeln, Brot oder Reis enthalten sind.

• Essen Sie lieber fünf kleine statt drei große Mahlzeiten am Tag. Reduzieren Sie den Anteil von Einfachzuckern auf ein Minimum.

• Zur optimalen Regenerierung sollten Sie innerhalb der ersten 30 Minuten nach dem Training einen protein- und kohlenhydrathaltigen Snack zu sich nehmen. Wenn Sie Kohlenhydrate mit Proteinen kombinieren, beschleunigt sich die Aufnahme zusätzlich.

• Trinken Sie während des Trainings ausreichend Wasser oder spezielle Sportgetränke. Nehmen Sie täglich mindestens zwei Liter Flüssigkeit zu sich, an heißen Tagen entsprechend mehr.

AUFWÄRMEN UND COOL-DOWN

Vor jeder Trainingseinheit sollten Sie Ihren Körper mindestens zehn Minuten lang aufwärmen. Beginnen Sie mit langsamem Rad fahren und steigern Sie die Intensität. Um sich nach dem Trainingsteil besser erholen zu können, ist ein Cool-Down nötig. Fahren Sie die letzten fünf bis zehn Minuten in einem niedrigen Gang und reduzieren Sie die Leistung. Zum Schluss absolvieren Sie die hier demonstrierten Dehnübungen.

WADENDEHNUNG

Diese Dehnung verbessert die Beweglichkeit Ihrer Waden und Knöchel. Darüber hinaus hilft sie Ihren Waden beim Abbau von Giftstoffen.

Mit geschlossenen Beinen stehen. Den rechten Fuß ein Stück zurück bewegen und das linke Bein beugen. Den Rücken gerade halten und die rechte Ferse auf den Boden drücken, bis Sie ein Ziehen in der rechten Wade spüren. 10 Sekunden halten und dann die linke Wade dehnen.

KNIEBEUGERDEHNUNG

Die Kniebeuger an der Rückseite Ihrer Beine werden beim Rad fahren nie ganz gedehnt. Mit Hilfe dieser einfachen Dehnübung können Sie Verspannungen verhindern.

Mit geschlossenen Beinen stehen. Die rechte Ferse vor sich auf den Boden stellen und das Bein strecken. Das linke Bein leicht beugen und den Oberkörper nach vorn bewegen, bis Sie ein Ziehen im rechten Bein spüren. 10 Sekunden halten und dann das andere Bein dehnen.

QUADRIZEPSDEHNUNG

Der Quadrizeps ist der Muskel an der Vorderseite Ihrer Oberschenkel, der beim Rad fahren kraftvoll arbeitet. Diese Dehnung verhindert Verspannungen.

Gerade stehen, die rechte Fußspitze umfassen und die rechte Ferse an den Po ziehen. Ihre Knie berühren sich dabei. Das linke Bein leicht beugen. Die Dehnung im rechten Oberschenkel spüren. 10 Sekunden halten und anschließend den linken Quadrizeps dehnen.

DEHNUNG DES OBEREN RÜCKENS

Die Muskeln im oberen Teil Ihres Rückens werden vor allem bei Fahrten im Gelände stark strapaziert. Diese Dehnübung hilft Verspannungen zu lösen.

Die Füße sind hüftbreit geöffnet. Leicht in die Knie gehen. Die Hände verschränken und die Arme in Brusthöhe von sich strecken. Schultern zurückziehen, während Sie Ihre Hände von sich wegdrücken. Den unteren Teil des Rückens stabil und den Körper aufrecht halten. Dehnung 10 Sekunden halten.

BRUSTDEHNUNG

Wenn Sie lange den Fahrradlenker halten, können Ihre Brust- und Schultermuskeln verkrampfen. Diese Übung dehnt diesen Bereich und reduziert Verspannungen.

Die Füße sind hüftbreit geöffnet. Leicht in die Knie gehen. Die Hände hinter dem Rücken verschränken und die Arme nach oben heben, bis Sie ein Ziehen in der Brust spüren. Den Rücken gerade lassen und die Bauchmuskeln anspannen. Die Schultern leicht nach hinten drücken, um die Dehnung zu intensivieren. 10 Sekunden halten.

RUMPFÜBUNGEN

Das Ziel dieser Übungen ist die Stärkung des Rumpfes. Dazu zählen die Bauch- und Rückenmuskeln, die Ihre Wirbelsäule stabilisieren. Rad fahren kräftigt zwar ohnehin Ihren Rumpf – die Muskeln dort arbeiten, während Sie treten und die Balance halten –, aber diese Übungen unterstützen dies zusätzlich. Absolvieren Sie die Übungen wenn möglich bei jeder Trainingseinheit.

SCHRÄGE CRUNCHES

Diese Übung stärkt Ihre seitlichen Bauchmuskeln. Denken Sie daran auszuatmen, wenn Sie nach oben gehen und einzuatmen, wenn Sie den Oberkörper wieder ablegen.

1 Legen Sie sich mit dem Rücken auf eine Matte. Die Beine sind aufgestellt. Legen Sie die Hände an Ihren Kopf, die Ellbogen zeigen dabei nach außen.

2 Heben Sie langsam den linken Ellbogen und die linke Schulter vom Boden ab und führen Sie sie Richtung rechtes Knie. Spüren Sie dabei Ihre linken seitlichen Bauchmuskeln. Bringen Sie den Oberkörper danach langsam wieder zurück zur Matte. Um Ihre rechten seitlichen Bauchmuskeln zu trainieren, führen Sie den rechten Ellbogen und die rechte Schulter zum linken Knie.

UNTERER RÜCKENSTRECKER

Rückenschmerzen treten meistens dann auf, wenn die größeren Muskeln an der Rückenoberfläche dominieren und zu viel Druck auf die Wirbelsäule ausüben. Diese Übung kräftigt die kleineren Muskeln, die direkt am Rückgrat liegen, sodass Ihre Wirbelsäule besser stabilisiert wird.

1 Legen Sie sich auf den Rücken, die Beine sind aufgestellt und hüftbreit auseinander. Die Arme neben den Körper legen, die Handflächen zeigen nach unten. Drücken Sie den unteren Teil Ihres Rückens in den Boden.

2 Heben Sie langsam die Hüften vom Boden ab, indem Sie die Wirbelsäule nach oben rollen. Beginnen Sie mit dem untersten Wirbel und führen Sie die Bewegung langsam und kontrolliert aus.

3 Heben Sie die Hüften so weit an, bis sie mit Ihren Knien eine Linie bilden – gehen Sie nicht höher. Anschließend senken Sie die Hüften Wirbel für Wirbel nach unten, bis Sie wieder in der Ausgangslage sind.

OBERKÖRPERÜBUNGEN

Auch wenn beim Rad fahren die Beine den Hauptteil der Arbeit verrichten, werden Sie anfangs überrascht sein, wie müde Arme und Schultern werden. Bei den meisten Übungsteilen dieses Programms werden alle Muskeln Ihres Körpers gestärkt und trainiert, aber in manchen Fällen empfehle ich Ihnen, einige dieser einfachen Oberkörperübungen zu machen, um die Trainingseinheit zu vervollständigen.

SEITLICHES ANHEBEN

Spüren Sie diese Übung in Ihrer Schultermuskulatur. Achten Sie darauf, dass Sie Ihren Rücken gerade und den Kopf hoch halten, während Sie die Hanteln heben. Atmen Sie beim Anheben der Hanteln ein und beim Senken der Arme aus.

1 Stehen Sie mit hüftbreit geöffneten Füßen und leicht gebeugten Knien. Halten Sie die Hanteln mit den Handflächen nach innen. Spannen Sie die Bauchmuskeln an.

2 Heben Sie die Hanteln langsam bis auf Schulterhöhe, die Arme bleiben gerade. Ihre Handflächen sollten nach unten zeigen, Sie dürfen Ihre Hände nicht drehen. Dann lassen Sie die Arme langsam wieder sinken.

BIZEPSCURL

Halten Sie Ihren Rücken gerade. Atmen Sie ein, wenn Sie die Hanteln heben und aus, wenn Sie das Gewicht wieder senken.

1 Stehen Sie mit hüftbreit geöffneten Füßen und leicht gebeugten Knien. Umfassen Sie die Hanteln. Die Handflächen zeigen dabei nach vorn.

2 Nun heben Sie langsam die rechte Hantel zu Ihrer rechten Schulter. Achten Sie darauf, dass Ihr rechter Ellbogen am Körper bleibt und Ihr Rücken gerade ist. Senken Sie langsam die rechte Hantel. Wiederholen Sie dies mit Ihrem linken Arm.

SCHULTERPRESSEN

Spüren Sie diese Übung in den Schultern und hinten in den Oberarmen. Führen Sie die Bewegung langsam und kontrolliert aus.

1 Setzen Sie sich auf eine Bank. Halten Sie eine Hantel in jeder Hand und beugen Sie die Arme im rechten Winkel, sodass Ihre Ellbogen sich auf Schulterhöhe befinden.

2 Heben Sie die Hanteln langsam über Ihre Schultern. Achten Sie darauf, den Rücken gerade und den Körper stabil zu halten. Strecken Sie die Arme nicht ganz durch, sondern lassen Sie sie leicht gebeugt. Senken Sie die Hanteln langsam wieder in die Ausgangsposition.

WIE FIT SIND SIE?

Die Tests berechnen Ihre aerobe Fitness, Kraft und Körperproportionen und zeigen Ihnen Ihren aktuellen Fitnessgrad. Berechnen Sie Ihre Ergebnisse und stellen Sie mit Hilfe des Kastens gegenüber fest, auf welcher Stufe Sie das Programm absolvieren sollten: Anfänger, Fortgeschrittene 1 oder Fortgeschrittene 2. Notieren Sie Ihre Ergebnisse, sodass Sie vergleichen können, wenn Sie den Test wiederholen.

FITNESSTESTS

Body Mass Index (BMI)

Dieser Test hilft Ihnen zu ermitteln, wie gesund Ihr Körper ist, indem Ihr Gewicht in Relation zu Ihrer Größe gesetzt wird.

So errechnen Sie Ihren BMI: Teilen Sie Ihr Gewicht in Kilogramm durch Ihre Körpergröße in Metern zum Quadrat.

Beispiel: Wenn Sie 53 kg wiegen und 1,62 m groß sind, nehmen Sie Ihre Größe zum Quadrat (1,62 x 1,62 = 2,62), teilen dann 53 durch 2,62 und erhalten einen BMI von 20,2.

a Frauen: 26,1 oder mehr; **Männer**: 26,1 oder mehr
b Frauen: 21–26; **Männer**: 21–26
c Frauen: bis 20,9; **Männer**: bis 20,9

Verhältnis Hüfte zur Taille

Dieser Test zeigt an, wie gesund Ihr Körper in Bezug auf Fettverteilung ist. Die meisten Menschen setzen Körperfett an Taille und Hüfte an.

Errechnen Sie Ihr Hüfte-zur-Taille-Verhältnis, indem Sie Ihren Hüftumfang (direkt am oberen Teil des Beckens) und Ihren Taillenumfang (um die Bauchmitte am Nabel) messen. Teilen Sie Taillenumfang durch Hüftumfang.

a Frauen: über 0,86; **Männer**: über 0,95
b Frauen: 0,71–0,85; **Männer**: 0,81–0,94
c Frauen: unter 0,7; **Männer**: unter 0,8

Einminütiger Liegestütz-Test

Hiermit wird die Stärke Ihres Oberkörpers getestet. Machen Sie so viele Liegestütz, wie Sie in einer Minute schaffen. Wenn Sie keine volle Minute durchhalten, zählen Sie die Liegestütz, die Sie bis dahin geschafft haben.

Ganze Liegestütz (Ergebnis für halbe Liegestütz in Klammern)
a Frauen: 4 oder weniger (24 oder weniger);
Männer: oder weniger (29 oder weniger)
b Frauen: 5–15 (25–40); **Männer**: 10–30 (30–50)
c Frauen: 16 oder mehr (41 oder mehr);
Männer: 31 oder mehr (51 oder mehr)

Einminütiger Crunch-Test

Hier werden Ihre Bauchmuskeln getestet. Machen Sie so viele Crunches *(siehe gegenüber)*, wie Sie in einer Minute schaffen.

a Frauen: 24 oder weniger; **Männer**: 24 oder weniger
b Frauen: 25–45; **Frauen**: 25–45
c Frauen: 46 oder mehr; **Männer**: 46 oder mehr

Dreiminütiger Step-Test

Hier wird Ihre aerobe bzw. kardiovaskuläre Fitness getestet. Machen Sie drei Minuten lang Step-Ups *(siehe gegenüber)* mit einer Frequenz von 30 Steps pro Minute. Zählen Sie dann 15 Sekunden lang Ihren Puls. Multiplizieren Sie diesen Wert mit vier, um die Zahl Ihrer Herzschläge pro Minute zu erhalten.

a Frauen: 167 oder mehr; **Männer**: 157 oder mehr
b Frauen: 141–166; **Männer**: 131–156
c Frauen: 128–140; **Männer**: 120–130

LIEGESTÜTZ

Falls Sie keine ganzen Liegestütz schaffen, machen Sie die leichtere halbe Variante mit den Knien auf dem Boden. Ziehen Sie den Po ein. Atmen Sie bei der Abwärtsbewegung ein und beim Hochdrücken aus.

1 Die Hände unter die Schultern legen, die Fingerspitzen zeigen nach vorn. Rumpf und Beine gerade halten. Halbe Liegestütz: Beginnen Sie mit den Knien auf dem Boden, während die Füße angehoben werden.

2 Langsam den Körper auf den Boden senken, bis Ihre Arme im rechten Winkel gebeugt sind. Darauf achten, dass Beine und Rumpf gerade sind. Den Körper wieder nach oben in die Ausgangsposition drücken.

STEP-UPS

Benutzen Sie eine Bank oder Stufe, die Sie leicht erreichen – Ihr Knie sollte weniger als 90° gebeugt sein.

Erst mit dem einen, dann mit dem anderen Fuß auf die Bank steigen. Erst mit dem einem, dann mit dem anderen Fuß wieder hinuntersteigen. Halten Sie den Rücken gerade.

CRUNCHES

Ziehen Sie den Kopf nicht mit den Händen nach oben. Die Übung zielt auf Ihre Bauchmuskeln ab, also sollten Sie sie auch dort spüren. Atmen Sie beim Hochkommen ein und beim Ablegen des Oberkörpers aus.

1 Mit aufgestellten Knien auf den Rücken legen, beide Fußsohlen stehen auf dem Boden. Die Hände so an den Kopf legen, dass die Ellbogen nach außen zeigen. Ihr unterer Rücken sollte am Boden bleiben.

2 Die Bauchmuskeln anspannen und die Schultern nach oben drücken, sodass sie sich von der Matte lösen. Anschließend bringen Sie Ihre Schultern langsam wieder zurück in die Startposition.

TESTERGEBNISSE

a = 1 Pkt. **b** = 2 Pkte. **c** = 3 Pkte.

5 bis 8

Anfänger: Sie müssen sich anstrengen, um Ihre Fitness zu verbessern. Von diesem Trainingsprogramm können Sie immens profitieren.

9 bis 13

Fortgeschrittene 1: Sie haben eine gute Grundfitness, aber mithilfe des Trainingsprogramms werden Sie sich noch besser fühlen.

14 bis 18

Fortgeschrittene 2: Sie sind gut in Form, aber das Trainingsprogramm wird Sie trotzdem fordern. Haben Sie Spaß daran, neue Ziele zu erreichen.

DAS PROGRAMM

Auf den folgenden Seiten stelle ich Ihnen mein siebenwöchiges Trainingsprogramm vor, das Ihnen dabei hilft, Rad fahrend Ihre Fitness zu verbessern, indem Herz und Lunge gestärkt sowie Ihre Oberkörper- und Beinmuskulatur trainiert werden. Sie absolvieren in jeder Woche anspruchsvolle Trainingseinheiten, die abwechslungsreich sind und Spaß machen. Während sich Ihr Fitnessgrad verbessert, verfeinern Sie auch Ihre Technik, sodass Sie ganz neue Strecken erkunden und die Effektivität und Qualität jedes Übungsteils verbessern. Bevor Sie beginnen, sollten Sie den Fitnesstest *(s. S. 58–59)* absolvieren, um herauszufinden, auf welcher Leistungsstufe Sie trainieren können.

INFORMATIONEN ZUM TRAINING

Mit Hilfe des Radfahrens werden Sie Ihre Fitness verbessern, einen wohlgeformten Körper haben und Muskeln aufbauen. Absolvieren Sie das Programm und sehen Sie, wie regelmäßige Bewegung auf dem Rad Ihnen physisch und psychisch gut tut. Folgen Sie dem Programm vom Anfang bis zum Ende und stellen Sie die Trainingserfolge am eigenen Leib fest!

Wie das Programm funktioniert

Das siebenwöchige Trainingsprogramm besteht im Wesentlichen aus zwei dreiwöchigen Blöcken mit jeweils vier Übungsteilen pro Woche. Die beiden Blöcke werden von einer Woche unterbrochen, in der nur drei Trainingseinheiten absolviert werden. Dafür führen Sie in dieser Woche einen Test durch, um Ihre Fortschritte zu überprüfen. Die ersten Übungsteile verbessern Ihre Ausdauer, indem Sie deutlich unter dem Niveau Ihrer maximalen Herzfrequenz (MHF, *s. S. 48–49*) trainieren. Im weiteren Verlauf des Programms erhöhen Sie durch das Trainieren mit einer höheren Herzfrequenz zusätzlich Ihre Fitness. Sie beginnen jeden Übungsteil mit einem Aufwärmtraining, bei dem Ihre Herzfrequenz langsam ansteigt. Im anschließenden Hauptteil trainieren Sie mit einer bestimmten Intensität. Zum Schluss sinkt Ihre Herzfrequenz beim Cool-down, sodass Sie sich schneller erholen. Nach dem Rad fahren empfehle ich bei einigen Trainingseinheiten zusätzliche Oberkörperübungen. Achten Sie darauf, dass die Hanteln dabei nicht zu schwer sind, damit Sie die empfohlenen Wiederholungen der Übung korrekt absolvieren können. Jeder Übungsteil wird mit Rumpf- und Stretchingübungen beendet.

Ehe Sie mit dem Trainingsprogramm beginnen, machen Sie den Fitness-Test auf *S. 58–59*. So finden Sie heraus, auf welcher Leistungsstufe Sie trainieren sollten. Absolvieren Sie den Fahrradtest *(s. gegenüber)*.

Für jedes Rad geeignet

Alle Übungsteile können mit jedem Fahrrad absolviert werden – egal, ob Straßenrad, Mountainbike, Hybridrad oder Hometrainer. Bei einem Hometrainer müssen Sie den Pedalwiderstand anpassen, um die angegebene Herzfrequenz bzw. Trainingsintensität zu erreichen. Auf manchen Modellen kann ein Wechsel des Terrains simuliert werden. Wo nötig, habe ich Extrahinweise für das Indoor-Training angegeben.

Der Weg zu einer verbesserten Fitness
Fahren Sie allein – oder zusammen mit einem Freund.

Informationskästen

Zu jedem Übungsteil gibt es einen Kasten, dem Sie Informationen zu der jeweiligen Trainingseinheit entnehmen können.

Länge: Hier wird die Zeit angegeben, in der Sie den Übungsteil mit Aufwärmen und Cool-down absolvieren sollen. Die Zeit, die Sie für die zusätzlichen Übungen benötigen, ist darin nicht enthalten.

Terrain: Diese Kategorie beschreibt das Terrain für den jeweiligen Übungsteil, z.B. eben oder hügelig.

Art: Sie arbeiten bei jedem Übungsteil mit verschieden hohen Herzfrequenzen. Daraus ergeben sich die Trainingstechniken: konstante Geschwindigkeit, Intervall- oder Sprinttraining *(s. unten)*.

Intensität: Jeder Übungsteil enthält ein aerobes Training und zielt zusätzlich auf Muskeln im Ober- und Unterkörper ab. Die verschiedenen Intensitäten dieser drei Bereiche werden durch entsprechende Symbole gekennzeichnet.

Wenn Sie eine Einheit ausgelassen haben

Wenn Sie eine Trainingseinheit versäumt haben, ist das kein Problem; absolvieren Sie weiter den Wochenplan. Wenn Sie zwei Einheiten versäumt haben, absolvieren Sie die gesamte Woche nochmals.

DER FAHRRADTEST

Machen Sie diesen Test, bevor Sie mit dem Programm beginnen, um Ihre Ausgangsposition bestimmen zu können. Wiederholen Sie ihn nach Abschluss des Trainingsprogramms (sowie zwischendurch) zur Messung Ihrer Fortschritte. Suchen Sie sich für den Test eine 5 km lange Strecke aus. Wenn Sie während des Tests 80–85% Ihrer MHF nicht erreichen, strengen Sie sich nicht genügend an.

- Wärmen Sie sich 20 Minuten lang auf. Steigern Sie die Geschwindigkeit, bis Sie eine hohe Intensität erreichen.
- Starten Sie Ihre Stoppuhr und Ihr Pulsmessgerät und fahren Sie die Strecke nahe an der Belastungsgrenze.
- Messen Sie Ihre Zeit. Absolvieren Sie einen Cool-down: Fahren Sie 20 Minuten in einem niedrigen Gang.

SYMBOLE ZUM ÜBUNGSTEIL

Ein Kasten mit Symbolen zeigt in jedem Übungsteil an, wie anspruchsvoll die jeweiligen Elemente sind. Ein Kreis steht für die niedrigste, drei Kreise für die höchste Intensität.

Cardio: trainiert Herz und Lunge

Unterkörper: trainiert Beine und Po

Oberkörper: trainiert Brust, Schultern und Arme

TRAININGSTECHNIKEN

Um den Trainingseffekt zu variieren, arbeiten Sie in verschiedenen Herzfrequenzzonen. Für Anfänger ist es möglicherweise schwierig, die Herzfrequenz so genau zu kontrollieren. Dies wird jedoch einfacher, sobald sich Ihre Fitness verbessert. Die folgenden Grafiken illustrieren die Auswirkungen der verschiedenen Trainingstechniken auf die Herzfrequenz.

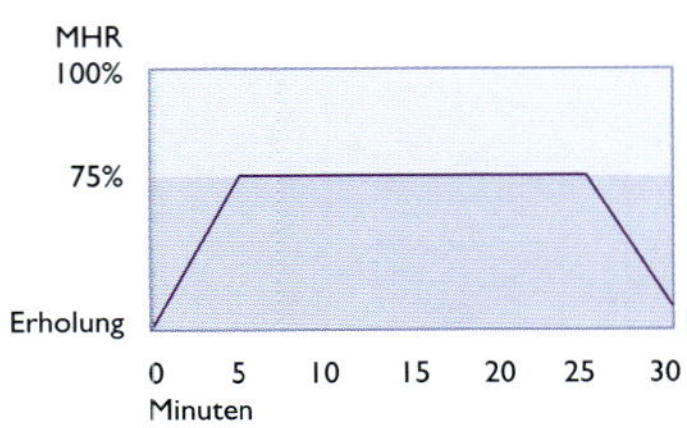

konstante Geschwindigkeit

Kurzes Aufwärmen, bis Sie 75% Ihrer MHF erreicht haben, 20 Min. halten, dann Cool-down

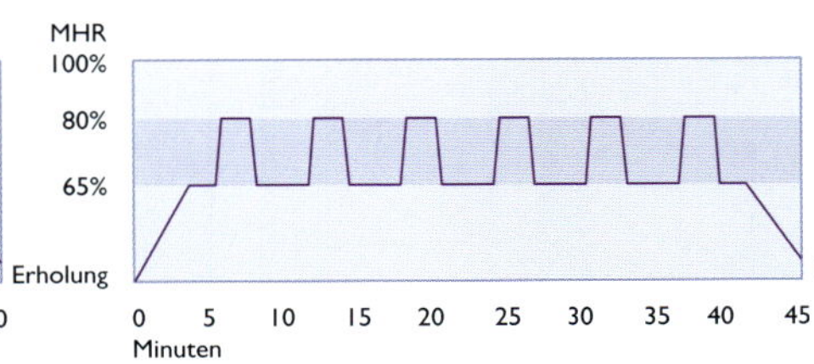

Intervalltraining

Kurzes Aufwärmen, bis Sie 65% Ihrer MHF erreicht haben, kurz halten; hochgehen auf 80% Ihrer MHF, kurz halten; 5 Wdh.; Cool-down

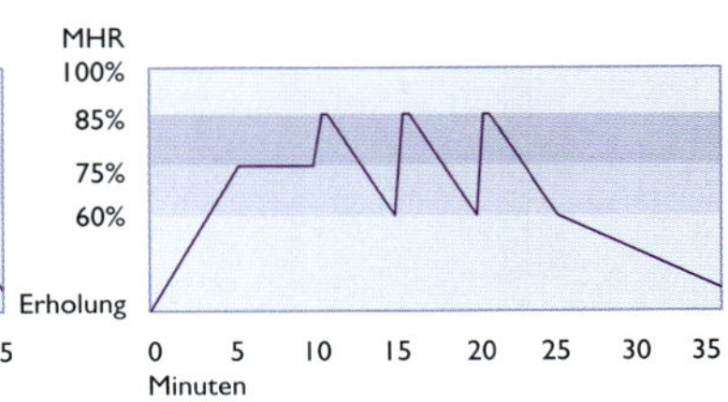

Sprinttraining

Kurzes Aufwärmen, bis Sie 75% Ihrer MHF erreicht haben, kurz halten; 3 Sprints mit Pausen; Cool-down

ÜBERSICHT: ERSTE WOCHE

Ihr Ziel für die erste Woche ist der Aufbau von aerober Fitness. Dafür trainieren Sie hauptsächlich mit 70–75% Ihrer MHF und verbessern somit Ihre Ausdauer *(s. S. 48–49)***. Bei fast jedem Übungsteil trainieren Sie mit dieser relativ niedrigen Herzfrequenz. Die Trainingseinheiten dieser Woche zielen außerdem auf Ihre schnellen, weißen Muskelfasern ab, sodass Ihre Muskeln besser definiert werden.**

Der Anfang

In der ersten Woche absolvieren Sie vier Übungsteile. Zu Beginn des Trainingsprogramms sollten Sie nach jeder Einheit einen Ruhetag einlegen. Das Programm ist so aufgebaut, dass Sie montags den ersten Übungsteil und zwei weitere während der Woche absolvieren und schließlich am Sonntag die längste Trainingseinheit fahren. Es ist jedoch nicht unbedingt notwendig, dass Sie die Übungsteile in der vorgeschlagenen Reihenfolge absolvieren. Passen Sie den Trainingsplan Ihren individuellen Bedürfnissen an. Der erste Übungsteil für diese Woche sollte jedoch auf jeden Fall als Erstes gefahren werden.

Das Fahren mit 70–75% Ihrer MHF hilft beim Aufbau aerober Fitness. Erst wenn Sie über einen längeren Zeitraum auf dieser Stufe trainieren können, sollten Sie die Intensität des Trainings steigern.

Falls Sie länger keinen Sport getrieben haben, fühlen Sie sich am Ende dieser Woche eventuell müde, zugleich aber auch erfrischt und konzentriert. Sollten Ihnen die ersten Trainingseinheiten zu anstrengend sein, versuchen Sie zunächst 20 bis 30 Minuten bei langsamem Tempo zu fahren und machen Sie nach jedem Training ein oder zwei Tage Pause. Sobald Sie in der Lage sind, jeden zweiten Tag 30 Minuten lang zu fahren, können Sie mit dem Programm beginnen.

Der Start des Trainings
Jede Trainingseinheit macht Sie gesünder und bringt Sie besser in Form.

DIE ERSTE WOCHE AUF EINEN BLICK

Mo	**1. Übungsteil: Verbesserung der Ausdauer** ■ Konstante Geschwindigkeit ■ Einfaches Training, damit Sie sich daran gewöhnen, mit 70–75% Ihrer MHF zu fahren ■ Hauptaugenmerk: kontrolliert fahren
Di	■ Ruhetag
Mi	**2. Übungsteil: Schneller Sprint** ■ Sprinttraining ■ Ausdauertraining mit mindestens zwei Sprints, sodass Sie zum ersten Mal während des Programms Ihre schnellen Muskelfasern trainieren
Do	■ Ruhetag
Fr	**3. Übungsteil: Kraftvoller Antritt** ■ Sprinttraining ■ Ausdauertraining durch schnelles Treten sowie Muskeltraining durch die Kontrolle des Rades
Sa	■ Ruhetag
So	**4. Übungsteil: Lange gemütliche Fahrt** ■ Konstante Geschwindigkeit ■ Ihre bisher längste Fahrt; auch dieser Übungsteil verbessert Ihre Ausdauer; durch die verschiedenen Terrains absolvieren Sie zusätzlich ein Widerstandstraining

ERSTE WOCHE: ERSTER ÜBUNGSTEIL

AUSDAUER VERBESSERN

Sie sollten ein Gefühl dafür entwickeln, mit 70–75% Ihrer MHF zu fahren. Auf dieser Trainingsintensität baut das gesamte Programm auf, sie hilft bei der Steigerung der Ausdauer und der Entwicklung aerober Fitness.

INFORMATION	
Länge	**Anf.** 30 Min. **F. 1** 45 Min. **F. 2** 1 Std.
Art	konstantes Tempo
Terrain	eben oder hügelig
Intensität	●●○ ●●○ ●○○

Fahren Sie anfangs mit 60–70% Ihrer MHF und erhöhen Sie innerhalb von 10 Minuten langsam die Geschwindigkeit. Behalten Sie dann in der Zeitspanne, die in der Übersicht für Ihren Fitnessgrad angegeben ist, 70–75% Ihrer MHF bei. Suchen Sie sich einen ebenen oder hügeligen Kurs aus und lernen Sie dabei, die Gänge richtig einzusetzen, vor allem beim Bergauffahren *(s. gegenüber)*. Wählen Sie einen Gang, der es Ihnen ermöglicht, sitzen zu bleiben: Sobald Sie aus dem Sattel gehen, erhöht sich Ihre Herzfrequenz. Fahren Sie nicht zu schnell – wenn Sie 75% Ihrer MHF überschreiten, profitieren Sie weniger von dieser Einheit. Sie müssen anfangs erst einmal eine Grundausdauer entwickeln. Absolvieren Sie die letzte Trainingsphase, deren Dauer sich nach Ihrem Fitnessgrad richtet *(siehe Tabelle)*, mit 60–70% Ihrer MHF.

TIPP

Atmen Sie tief und entspannen Sie sich. Stellen Sie sich vor, wie der Sauerstoff durch das Herz in Ihren Körper gepumpt wird. Das Wichtigste bei diesem Übungsteil ist die effiziente Versorgung der Muskeln mit Sauerstoff.

ÜBERSICHT	Anfänger	Fortg. 1	Fortg. 2
■ Aufwärmen: Fahren Sie langsam mit 60–70% Ihrer MHF.	10 Min.	10 Min.	10 Min.
■ Ausdauertraining: Fahren Sie konstant mit 70–75% Ihrer MHF.	10 Min.	20 Min.	30 Min.
■ Abschluss: Fahren Sie mit 60–70% Ihrer MHF.	10 Min.	15 Min.	20 Min.
■ Bizeps-Dehnung *(S. 57)*	10 mal	15 mal	20 mal
■ Rumpfübungen *(S. 54-55)*	10 mal	15 mal	20 mal
■ Cool-down mit den Stretching-Übungen von *S. 52–53*			

Genießen Sie die Fahrt
Rad fahren zur Verbesserung der Ausdauer bereitet Ihren Körper auf ein Training mit gesteigerter Intensität vor.

TECHNIK: BERGAUF DEN GANG WECHSELN

Um ein optimales Tempo zu erzielen, müssen Sie für jedes Terrain den richtigen Gang wählen. Effizientes Schalten hilft Ihnen, die Herzfrequenz zu kontrollieren. Wenn Sie einen zu hohen Gang benutzen, steigt die Herzfrequenz; wenn der Gang zu niedrig ist, fällt sie zu sehr ab. Versuchen Sie vorausschauend zu schalten. Benutzen Sie bergauf einen niedrigen Gang und bergab einen höheren.

Schalten Gang wechseln, indem Sie den Schalthebel nach vorne drücken.

1 Fahren Sie entspannt. Wenn Sie ein Straßenrad benutzen, legen Sie die Hände auf den Lenker. Sitzen Sie möglichst bequem. Jede Art von Anspannung erhöht die Herzfrequenz und verringert zudem Ihre Tritteffizienz.

2 Schalten Sie frühzeitig bei Steigungswechsel. Benutzen Sie bergauf einen niedrigen Gang (kleines Kettenblatt, größeres Ritzel) und bergab einen höheren. Treten Sie einfach weiter, während Sie schalten.

3 Ändern sich Steigungen oder Gefälle, müssen Sie häufiger schalten. Setzen Sie sich bei steilen Steigungen weiter hinten auf den Sattel und ziehen Sie gleichzeitig am Lenker, um kräftiger treten zu können.

Weitere hilfreiche Techniken: Bremsen und schalten *S. 32–35*, Effizientes Treten *S. 40–41*

ERSTE WOCHE: ZWEITER ÜBUNGSTEIL

SCHNELLER SPRINT

Dieser Übungsteil besteht aus einer Serie von Sprints. Kurze, intensive Sprints trainieren die Schnellkraft Ihrer Beinmuskulatur. Eine gute Tritttechnik ist unerlässlich, um aus dieser Trainingseinheit das Maximum herauszuholen *(s. gegenüber).*

INFORMATION	
Länge	**Anf.** 30 Min. **F. 1** 45 Min. **F. 2** 1 Std.
Art	Sprinttraining
Terrain	eben
Intensität	●●○ ●●○ ●○○

Tasten Sie sich in den ersten 10 Minuten an 75% Ihrer MHF heran. Es ist kein Problem, wenn Sie diese Intensität nicht ganz erreichen. Schalten Sie in einen niedrigeren Gang (inneres Kettenblatt, großes Ritzel), um den Widerstand zu erhöhen und treten Sie 10 Sekunden lang so schnell Sie können. Erholen Sie sich anschließend, indem Sie in einen höheren Gang schalten und mit 60–70% Ihrer MHF für den Rest der knapp fünfminütigen Einheit weiterfahren. Wiederholen Sie den Wechsel zwischen Sprint und Erholung so oft wie in der Tabelle angegeben. Fahren Sie zum Abschluss der Trainingseinheit mit 60–75% Ihrer MHF. In den letzten Minuten des Übungsteils fahren Sie in einem relativ niedrigen Gang, damit Ihr Körper sich besser vom Training erholen kann.

Locker atmen
Schnelles Treten erschwert rhythmisches Atmen. Legen Sie Ihre Hände auf den Lenker, entspannen Sie die Schultern und sitzen Sie aufrecht, um so das Atmen zu erleichtern.

ÜBERSICHT	Anfänger	Fortg. 1	Fortg. 2
■ Aufwärmen: Peilen Sie 75% Ihrer MHF an.	10	10 Min.	10 Min.
■ Niedriger Gang und sprinten	10 Sek.	10 Sek.	10 Min.
■ Fahren Sie zur Erholung mit 60–75% Ihrer MHF.	4 Min. 50 Sek.	4 Min. 50 Sek.	4 Min. 50 Sek.
■ Wdh. Sprint/Erholung	1 mal	3 mal	5 mal
■ Abschluss: Fahren Sie mit 60–75% Ihrer MHF.	15 Min.	20 Min.	25 Min.
■ Seitliches Anheben *(S. 56)*	10 mal	15 mal	20 mal
■ Rumpfübungen *(S. 54–55)*	10 mal	15 mal	20 mal
■ Cool-down mit den Stretching-Übungen *(S. 52–53)*			

TECHNIK: SPRINTTRAINING

Entscheidend ist, dass Sie beim Sprinten nur Ihre Beine bewegen. Halten Sie die Hüften ruhig, so dass Sie nicht aus dem Sattel gehen. Konzentrieren Sie sich auf die Kraft in Ihren Beinen und fühlen Sie, wie die Muskeln arbeiten. Stellen Sie sich vor, dass Sie mit den Füßen beim Treten ganze Kreise beschreiben. Es ist nicht schlimm, wenn sich Ihr Oberkörper anfangs noch mitbewegt. Richtiges Sprinten verlangt viel Übung und eine große Beweglichkeit der Beine.

Halten Sie die Hüften still, sodass nur Ihre Beine arbeiten. Wenn sich Ihre Hüften nach oben und unten bewegen und Sie aus dem Sattel müssen, schalten Sie in einen etwas höheren Gang.

TIPP

Gehen Radfahrer beim Sprint aus dem Sattel, sind meist verspannte Kniesehnen der Grund dafür. Machen Sie zusätzliches Beinstretching *(s. S. 52–53)*, um Ihre Beinbeweglichkeit zu erhöhen. Achten Sie auf die richtige Sattelhöhe.

Weitere hilfreiche Techniken: Die richtige Sitzposition *S. 30–31*, Effizientes Treten *S. 40–41*

ERSTE WOCHE: DRITTER ÜBUNGSTEIL

KRAFTVOLLER ANTRITT

Der richtige Antritt ist eine dynamische Bewegung, bei der Sie kraftvoll treten und gleichzeitig am Fahrradlenker ziehen. Dieser Übungsteil trainiert Ihre Beine und Ihren Oberkörper, ohne dabei massige Muskelberge aufzubauen.

INFORMATION	
Länge	**Anf.** 30 Min. **F. 1** 45 Min. **F. 2** 1 Std.
Art	Intervall
Terrain	eben/leicht ansteigend
Intensität	●●● ●●○ ●○○

Tasten Sie sich an 75% Ihrer MHF heran. Verlangsamen Sie das Tempo, bis Sie fast anhalten. Führen Sie einen kraftvollen Antritt aus, indem Sie in einen hohen Gang schalten, kraftvoll treten und am Lenker ziehen *(s. gegenüber)*. Bleiben Sie im Sattel und versuchen Sie, so schnell wie möglich zu beschleunigen. Fahren Sie so lange in diesem Tempo, wie in der Tabelle angegeben und erholen Sie sich anschließend. Wiederholen Sie den Wechsel so oft wie in der Tabelle angegeben. Fahren Sie zum Abschluss mit 60–75% Ihrer MHF. Sie können diesen Übungsteil entweder auf der Straße oder im Gelände absolvieren. Trainieren Sie den kraftvollen Antritt auf ebenem oder leicht ansteigendem Terrain. Falls Sie auf weichem Untergrund, wie z. B. Gras, fahren, erhöht dies die Intensität der Trainingseinheit. Wenn Sie den Übungsteil auf der Straße absolvieren, ist erhöhte Vorsicht geboten.

ÜBERSICHT	Anfänger	Fortg. 1	Fortg. 2
■ Aufwärmen: Peilen Sie 75% Ihrer MHF an.	10 Min.	10 Min.	10 Min.
■ Im hohen Gang kraftvoll treten. Im Sattel bleiben	10 Sek.	15 Sek.	20 Sek.
■ Im niedrigen Gang mit 60–75% der MHF erholen	4 Min. 50 Sek.	4 Min. 45 Sek.	4 Min. 40 Sek.
■ Wdh. Antritt/Erholung	1 mal	2 mal	4 mal
■ Abschluss: Fahren Sie mit 60–75% Ihrer MHF.	15 Min.	25 Min.	30 Min.
■ Schulterpressen *(S. 57)*)	10 mal	15 mal	20 mal
■ Rumpfübungen *(S. 54–55)*	10 mal	15 mal	20 mal
■ Cool-down mit den Stretching-Übungen von *S. 52–53*			

Die Anstrengung spüren
Bei einem kräftigen Antritt kann es dazu kommen, das Ihre Muskeln wehtun.

TECHNIK: KRAFTVOLLER ANTRITT

Es ist wichtig, kontrolliert zu fahren, wenn Sie kraftvoll antreten. Mit ein wenig Übung lernen Sie Ihr Gewicht zu verlagern und Ihren Oberkörper zur Balance einzusetzen. Stellen Sie sich vor, wie Sie langsam beschleunigen und konzentrieren Sie sich bei jeder Pedalumdrehung auf die richtige Technik.

1 Bleiben Sie im Sattel und schalten Sie in einen hohen Gang. Während Sie mit Ihrem linken Bein treten, ziehen Sie kräftig am Lenker – etwas kräftiger mit der linken Hand. Dies verlagert Ihren Oberkörper nach links und bringt Ihr Körpergewicht hinter den Antritt.

2 Treten Sie nun mit dem rechten Bein das Pedal und ziehen Sie dieses Mal mit der rechten Hand stärker am Lenker. Denken Sie daran die Schultern zu entspannen. Durch ausbalancierte Bewegungen können Sie mehr Kraft in den Antritt legen.

Weitere hilfreiche Techniken: Sicherheit im Straßenverkehr S. 44–45, Anpassen der Körperposition an die Geschwindigkeit S. 87

ERSTE WOCHE: VIERTER ÜBUNGSTEIL

LANGE GEMÜTLICHE FAHRT

Dies ist eine weitere Trainingseinheit, die Ihre Ausdauer verbessert. Sie fahren dabei etwas länger als im ersten Übungsteil, ohne sich an strenge Anweisungen halten zu müssen. Sie können allein oder mit einer Gruppe fahren.

INFORMATION	
Länge	**Anf.** 45 Min. **F. 1** 1 Std. **F. 2** 1 Std. 15 Min.
Art	konstantes Tempo
Terrain	eben oder hügelig
Intensität	●●○ ●●○ ●●○

Fahren Sie langsam mit 60% Ihrer MHF. Versuchen Sie dann Ihre MHF so lange zwischen 60–75% zu halten, wie in der Übersicht für Ihren Fitnessgrad angegeben ist. Benutzen Sie Gänge, mit denen Sie sich wohl fühlen und gehen Sie beim bergauf fahren zwischendurch aus dem Sattel. Machen Sie die Fahrt durch die Auswahl von schwierigerem Terrain interessanter. Streuen Sie einige schnelle Antritte ein, überschreiten Sie dabei allerdings nicht 75% Ihrer MHF. Versuchen Sie geschmeidig und kontrolliert zu fahren. Nach Absolvierung dieses Übungsteils sollten Sie müde, aber nicht erschöpft sein.

ÜBERSICHT	Anfänger	Fortg. 1	Fortg. 2
■ Aufwärmen: Peilen Sie 60% Ihrer MHF an.	10 Min.	10 Min.	10 Min.
■ Mit 60–75% der MHF fahren	35 Min.	50 Min.	65 Min.
■ Rumpfübungen *(S. 54–55)*	10 mal	15 mal	20 mal
■ Cool-down mit den Stretching-Übungen von *S. 52–53*			

INDOOR-TRAINING

Aufwärmen. Widerstand/Tempo erhöhen: 75% der MHF fahren. Tempo reduzieren: mit 60% der MHF fahren. Wechsel wiederholen. Anfänger fahren 40 Min., Fortgeschrittene 1 fahren 50 Min. und Fortgeschrittene 2 fahren 60 Min.

Genießen Sie die Landschaft
Wenn Sie ein Hybridrad oder Mountainbike besitzen, brauchen Sie sich nicht auf gut befestigte Straßen zu beschränken.

TECHNIK: VERSCHIEDENE TERRAINS ÜBERWINDEN

Bei einer längeren Fahrt stoßen Sie auf viele verschiedene Bodenbeschaffenheiten. Benutzen Sie folgende Techniken, um häufige Bodenvariationen, wie Gras oder Sand, zu überwinden. Sobald Sie auf ein Gelände treffen, über das Sie nicht fahren wollen, steigen Sie ab und schieben Ihr Rad.

Wenn Sie auf Gras fahren, halten Sie den Lenker fest, aber nicht verkrampft und entspannen Sie die Schultern. Gehen Sie leicht aus dem Sattel und verlagern Sie während des Tretens Ihr Gewicht nach hinten. Nasses Gras kann rutschig sein – sobald das Treten schwieriger wird, schalten Sie in einen niedrigeren Gang, anstatt kräftiger zu treten. Bei einem kurzen Stück Sand können Sie eine ähnliche Technik anwenden. Beschleunigen Sie vorher, um ausreichend Schwung zu haben.

TIPP

Auf nassem oder losem Untergrund sollten Sie nicht zu stark bremsen oder beschleunigen; passen Sie Ihre Geschwindigkeit vorher an. Seien Sie auch beim Lenken vorsichtig und überfahren Sie solche Oberflächen in einer Linie. Sollten Sie dennoch lenken müssen, tun Sie dies vorsichtig.

Weitere hilfreiche Techniken: Bremsen und schalten *S. 34–35*, Sicherheit *S. 42–43*, Berganstiege im Gelände *S. 115*

ÜBERSICHT: ZWEITE WOCHE

In dieser Woche lernen Sie Berge zu benutzen, um mit einer erhöhten Herzfrequenz trainieren zu können und absolvieren dabei zusätzlich ein Widerstandstraining. Außerdem gewöhnen Sie sich daran, zwischendurch mit einer niedrigeren Herzfrequenz zu arbeiten, damit Ihr Körper sich immer wieder erholen kann. Zum ersten Mal trainieren Sie an zwei aufeinander folgenden Tagen.

Die ersten Berge

Inzwischen können Sie schon etwas härter trainieren. Da Sie nun auch Berge in Ihr Training mit aufnehmen, kommt etwas mehr Abwechslung in die einzelnen Übungsteile. Durch die Anstrengung beim Anfahren eines Bergs steigt Ihre Herzfrequenz und Ihre Armmuskulatur wird stärker beansprucht, wenn Sie am Lenker ziehen und aus dem Sattel gehen. Sie fahren meist mit 70–75% Ihrer MHF, sodass Ihre Muskeln mit mehr Sauerstoff versorgt werden. Sobald Ihre Herzfrequenz beim bergauf fahren ansteigt, verbessert sich die Fähigkeit Ihres Körpers, den vermehrten Sauerstoff aufzunehmen. In der Woche mit den leichten Berganstiegen arbeitet Ihr Körper zum ersten Mal mit einer etwas höheren Intensität (75–80% Ihrer MHF).

Sie absolvieren wieder vier Übungsteile. Legen Sie nach den ersten beiden Trainingseinheiten Ruhetage ein und absolvieren Sie den dritten und vierten Übungsteil direkt hintereinander. So gewöhnen Sie sich an ein aktives Erholungstraining, bei dem Sie mit einer niedrigen Herzfrequenz fahren.

Achten Sie darauf, sich gesund zu ernähren, ausreichend zu trinken und genügend zu schlafen. Selbst wenn Sie das Programm problemlos bestreiten können, sollten Sie niemals die Werte überschreiten, die für Ihren Fitnesslevel angegeben sind.

Auf in die Berge
Bauen Sie Berge in Ihr Training ein. Beim bergauf fahren steigt Ihre Herzfrequenz, beim bergab fahren können Sie sich wieder erholen.

DIE ZWEITE WOCHE AUF EINEN BLICK

Mo
- Ruhetag

Di 1. Übungsteil: Leichte Berge
- Intervalltraining.
- Fahren Sie im Hauptteil dieser Trainingseinheit mit 75–80% Ihrer MHF bergauf und nutzen Sie die Bergabfahrt zur Erholung.
- Das Training bergauf bedeutet zusätzlichen Widerstand.

Mi
- Ruhetag

Do 2. Übungsteil: Beschleunigen aus der Kurve
- Sprinttraining
- Widerstandstraining eingebettet in ein Ausdauertraining

Fr
- Ruhetag

Sa 3. Übungsteil: Lockeres Fahren
- Konstante Geschwindigkeit
- Leichtes Training bei relativ niedriger Herzfrequenz. Sie verbrennen trotz der Erholungsphase Kalorien und bereiten Ihren Körper auf die kommenden Übungsteile vor.

So 4. Übungsteil: Lange Fahrt
- Konstante Geschwindigkeit
- Ihr bisher längstes Ausdauertraining; auf diesem Level entwickeln Sie die grundlegende Fitness, die Sie für die folgenden Trainingseinheiten benötigen.

ZWEITE WOCHE: ERSTER ÜBUNGSTEIL

LEICHTE BERGE

Dieser Übungsteil verbessert Ihre Fitness, indem Ihr Körper lernt, Sauerstoff effizienter zu nutzen. Wählen Sie ein bergiges oder hügeliges Terrain. Strengen Sie sich bei den Steigungen an und erholen Sie sich auf den Abfahrten. Wiederholen Sie diesen Ablauf mehrmals.

INFORMATION

Länge	**Anf.** 30 Min. **F. 1** 45 Min. **F. 2** 1 Std.
Art	Intervalltraining
Terrain	bergig oder hügelig
Intensität	●●○ ●●○ ●●○

TECHNIK: ANFAHREN EINES BERGES

Bleiben Sie bei der Anfahrt an den Berg sitzen und gehen Sie erst aus dem Sattel, wenn Sie oben angekommen sind. Treten Sie kräftig, um das Tempo zu halten. Durch die Veränderung Ihrer Körperposition beim Anfahren eines Berges werden verschiedene Muskeln trainiert.

Im Sattel bleiben
Anfangs bleiben Sie im Sattel und verlagern das Gewicht nach hinten. Greifen Sie den Lenker oben und mittig.

Oberkörper beugen
Beugen Sie sich tief und greifen Sie die Bremshebel von oben. Ihre Ellbogen sollten leicht nach außen zeigen, um die Brust zu öffnen und somit das Atmen zu erleichtern.

DER ÜBUNGSTEIL

Sobald Sie aufgewärmt sind, fahren Sie mit 75–80% Ihrer MHF auf hügeligem Terrain. Bei diesem Belastungsgrad kann Ihr Körper die Muskeln effizienter mit Sauerstoff versorgen. Erklimmen Sie die Berge wie unten beschrieben. Bei der Abfahrt können Sie sich erholen. Benutzen Sie Ihre Bremsen und Ihren Körper, um die Geschwindigkeit zu kontrollieren. Beenden Sie die Fahrt mit 60–70% Ihrer MHF.

ÜBERSICHT	Anfänger	Fortg. 1	Fortg. 2
■ Aufwärmen: Mit 75% Ihrer MHF fahren	10 Min.	15 Min.	15 Min.
■ Bergauf mit 75–80% Ihrer MHF	10 Min.	20 Min.	30 Min.
■ Beenden Sie den Übungsteil mit 60–70% Ihrer MHF.	10 Min.	10 Min.	15 Min.
■ Rumpfübungen *(S. 54–55)*	10 mal	15 mal	20 mal
■ Cool-down mit den Stretching-Übungen von *S. 52–53*			

Luftwiderstand
Sie sollten bei der Abfahrt nicht zu schnell werden. Bremsen Sie und nutzen Sie auch den Luftwiderstand, um Ihr Tempo zu verringern, indem Sie möglichst aufrecht im Sattel sitzen.

Aus dem Sattel gehen
Sobald Sie auf dem Berg angekommen sind, gehen Sie aus dem Sattel und nutzen Sie Ihr gesamtes Körpergewicht, um möglichst viel Druck auf die Pedale auszuüben.

ZWEITE WOCHE: ZWEITER ÜBUNGSTEIL

AUS DER KURVE BESCHLEUNIGEN

Die dynamische Bewegung des Beschleunigens aus der Kurve kräftigt Ihre Beinmuskulatur. Zudem wird Ihr Bindegewebe zwischen Muskeln und Knochen gestärkt.

Suchen Sie sich einen relativ flachen Streckenabschnitt, der auf einer Länge von ca. 1,6 km im Kreis verläuft. Er sollte über drei oder vier rechtwinklige Kurven verfügen. Wärmen Sie sich wie angegeben auf. Auf einem Parcours im Gelände fahren Sie die erste Kurve wie rechts beschrieben an. Sobald Ihr Rad wieder in aufrechter Position ist, beschleunigen Sie kräftig. Gehen Sie dafür anfangs aus dem Sattel und setzen Sie sich erst wieder, wenn Sie schnell genug treten. Wiederholen Sie diesen Beschleunigungsvorgang so oft wie angegeben und beenden Sie den Übungsteil mit 60–70% Ihrer MHF.

INDOOR-TRAINING

Aufwärmen, bis Sie 75% Ihrer MHF erreichen. Das Tempo verlangsamen, bis das Rad sich nicht mehr dreht. 20 Sek. lang kräftig beschleunigen. Für den Rest der 2-Minuten-Spanne (1 Min. 40 Sek.) mit 60–70% der MHF fahren. Wiederholen Sie diese Übung und beenden Sie den Rest der Trainingseinheit wie unten beschrieben.

ÜBERSICHT	Anfänger	Fortg. 1	Fortg. 2
■ Aufwärmen: Peilen Sie 75% Ihrer MHF an und bleiben Sie auf diesem Level.	10 Min.	15 Min.	20 Min.
■ Beschleunigen Sie aus der Kurve.	20 Sek.	20 Sek.	20 Sek.
■ Fahren Sie bis zur nächsten Kurve mit 60–70% Ihrer MHF.	so lange es dauert	so lange es dauert	so lange es dauert
■ Wdh. Beschleunigen aus der Kurve/Erholung	4 mal	8 mal	12 mal
■ Beenden Sie den Übungsteil mit 60–70% Ihrer MHF.	10 Min.	15 Min.	20 Min.
■ Rumpfübungen *(S. 54–55)*	10 mal	15 mal	20 mal
■ Cool-down mit den Stretching-Übungen von *S. 52–53*			

INFORMATION

Länge	**Anf.** 30 Min. **F. 1** 40 Min. **F. 2** 1 Std.
Art	Sprinttraining
Terrain	eben
Intensität	●●● ●●○ ●○○

TECHNIK: KURVEN IM GELÄNDE DURCHFAHREN

Im Gelände entsteht in Kurven vielfach ein kleiner »Steilwandeffekt«, da andere Fahrzeuge in der Spur Material nach außen abgetragen haben. Nutzen Sie diese Böschungsansätze, um die Kurven zu durchfahren.

1 Bremsen Sie, sobald Sie die Kurve erreichen und wählen Sie einen relativ hohen Gang. Ein niedriges Tempo verbessert den Trainingseffekt des Beschleunigens. Schauen Sie sich die Kurve gut an und stellen Sie sich die Linie vor, auf der Sie sie durchfahren wollen.

2 Lassen Sie Ihr inneres Bein oben, während Sie sich in die Kurve neigen und verlagern Sie das Gewicht auf das äußere Bein. Bringen Sie Ihr Rad an die Außenkante der Böschung und benutzen Sie sie, um die Kurve besser zu durchfahren.

3 Sobald Sie aus der Kurve kommen und das Rad wieder in einer aufrechten Position ist, beschleunigen Sie. Gehen Sie aus dem Sattel und halten Sie den Lenker gut fest, während Sie daran ziehen. Schauen Sie nach vorn.

Weitere hilfreiche Techniken: Bremsen und schalten *S. 34–35*, Kurven *S. 36–39*

Erholen Sie sich
Ein lockeres Training hat einen regenerierenden Effekt und hilft Ihnen bei der Erholung nach einem harten Übungsteil.

ZWEITE WOCHE: DRITTER ÜBUNGSTEIL

LOCKERES FAHREN

Heute sollen Sie sich daran gewöhnen, auf einem niedrigen Level zu trainieren. Je fitter Sie werden, desto wichtiger ist es für Ihre Erholung, dass Sie nach einer harten Einheit keinen Ruhetag einlegen, sondern ein leichtes Training absolvieren.

INFORMATION

Länge	**Anf.** 30 Min. **F. 1** 45 Min. **F. 2** 1 Std.
Art	konstantes Tempo
Terrain	eben
Intensität	●○○ ●○○ ●○○

Suchen Sie sich für diesen Übungsteil nach Möglichkeit eine landschaftlich schöne Umgebung.

Wärmen Sie sich langsam auf, bis Sie 60% Ihrer MHF erreichen und fahren Sie anschließend während der angegebenen Zeitspanne in einem niedrigen Gang mit 60–70% Ihrer MHF.

Bei dieser Geschwindigkeit wird schneller Blut in Ihre Muskeln gepumpt, sodass sie gut arbeiten können und gleichzeitig von Giftstoffen gereinigt werden, die während des Trainings entstehen. Fahren Sie möglichst im Flachen, da Sie 70% Ihrer MHF auf keinen Fall überschreiten sollten.

ÜBERSICHT	Anfänger	Fortg. 1	Fortg. 2
Aufwärmen: Peilen Sie 60% Ihrer MHF an.	10 Min.	10 Min.	10 Min.
Fahren Sie in einem niedrigen Gang mit 60–70% Ihrer MHF.	20 Min.	35 Min.	50 Min.
Rumpfübungen *(S. 54–55)*	10 mal	15 mal	20 mal
Cool-down mit den Stretching-Übungen von *S. 52–53*			

TIPP

Ab der dritten Woche sollten Sie diesen Übungsteil 20–30 Min. lang nach den Trainingseinheiten absolvieren. Sie werden sich auf diese Weise schneller erholen und beim Training bessere Resultate erzielen.

Entspanntes Fahren
Auf einem Straßenrad ist es bequemer, etwas aufrechter zu sitzen und die Hände oben und mittig auf den Lenker zu legen.

Weitere hilfreiche Techniken: Effizientes Treten *S. 34–35*, Schalten am Berg *S. 111*

ZWEITE WOCHE: VIERTER ÜBUNGSTEIL

LANGE FAHRT

Heute absolvieren Sie Ihre bisher längste Fahrt. Wählen Sie ein ebenes oder leicht hügeliges Terrain und fahren Sie entweder allein oder in einer Gruppe. Es ist besonders wichtig, dass Sie sich Ihre Kräfte gut einteilen. Fahren Sie Ihr eigenes Tempo.

INFORMATION

Länge	**Anf.** 40 Min. **F. 1** 1 Std. 5 Min. **F. 2** 1 Std. 45 Min.
Art	konstantes Tempo
Terrain	hügelig
Intensität	●●● ●●○ ●●○

Ein Großteil dieser Trainingseinheit kann auf ebenen Straßen absolviert werden, aber sobald Sie sich aufgewärmt haben und mit 70–75% Ihrer MHF fahren, sollten Sie einige Berge anfahren, um das Training anspruchsvoller zu gestalten. Dabei darf sich Ihre Herzfrequenz allerdings nicht länger als ein paar Sekunden erhöhen. Beenden Sie die Trainingseinheit mit 60–70% Ihrer MHF.

ÜBERSICHT	Anfänger	Fortg. 1	Fortg. 2
■ Aufwärmen: 60–70% der MHF anpeilen und beibehalten	10 Min.	15 Min.	20 Min.
■ Fahren Sie mit 70–75% Ihrer MHF.	15 Min.	30 Min.	60 Min.
■ Abschluss: Fahren Sie mit 60–70% Ihrer MHF.	15 Min.	20 Min.	25 Min.
■ Rumpfübungen *(S. 54–55)*	10 mal	15 mal	20 mal
■ Cool-down mit den Stretching-Übungen von *S. 52–53*			

INDOOR-TRAINING

Wärmen Sie sich 10 Min. lang auf, bis Sie 60–70% Ihrer MHF erreichen. Danach fahren Sie mit 70–75% Ihrer MHF: Anfänger 15 Min., Fortgeschrittene 1 25 Min. und Fortgeschrittene 2 40 Min. lang. Beenden Sie den Rest des Übungsteils wie oben beschrieben.

Erholung bei der Abfahrt
Nachdem Sie sich bei der Berganfahrt anstrengen mussten, können Sie sich bei der Abfahrt wieder entspannen.

TECHNIK: KRÄFTE SPAREN AM BERG

Natürlich kommen Sie an einem Berg am schnellsten voran, wenn Sie aus dem Sattel gehen, Sie verbrauchen damit jedoch auch viel Energie. Um Kräfte zu sparen, schalten Sie in einen niedrigen Gang und bleiben Sie sitzen. Achten Sie darauf, tief und regelmäßig zu atmen und sich anfangs nicht zu überfordern.

1 Wählen Sie einen niedrigen Gang, bei dem Sie schnell treten können. Sitzen Sie aufrecht und greifen Sie den Lenker weiter außen, um die Brust zu öffnen und so leichter atmen zu können.

2 Wenn die Steigung steiler wird und Sie bereits im niedrigsten Gang fahren, ziehen Sie am Lenker, um kraftvoller treten zu können. Achten Sie auf eine gute Tritttechnik – bei einem langsamen Rhythmus an steilen Steigungen ist jede Phase der Pedalumdrehung wichtig, um Sie effizient vorwärts zu bringen.

Weitere hilfreiche Techniken: Effizientes Treten S. 40–41, Schalten am Berg S. 111

ÜBERSICHT: DRITTE WOCHE

Diese Woche ist die bisher anspruchsvollste. Eventuell gehen Sie das erste Mal an Ihre anaerobe Grenze und erreichen somit den höchsten Grad, auf dem Sie über einen bestimmten Zeitraum gleichmäßig trainieren können. Ihre Fitness verbessert sich enorm, jedoch kann Ihr Körper dieser Anstrengung nur für kurze Zeit standhalten. Deshalb müssen Sie anschließend mit weniger Intensität trainieren.

Geschwindigkeit

Diejenigen von Ihnen, die als Fortgeschrittene 1 und 2 trainieren, werden wahrscheinlich schon im ersten Übungsteil dieser Woche Ihre anaerobe Grenze erreichen. Beim ersten Übungsteil wechseln Sie zwischen 15-minütigen Sprints und gleich langen Erholungspausen. Dadurch steigt Ihre Herzfrequenz immer weiter an. Diese Einheit ist zugleich ein gutes Widerstandstraining, da durch die Belastung mehr Muskelfasern beansprucht werden.

Mit den restlichen Übungsteilen, bei denen Sie verstärkt die Ausdauer trainieren, verbessern Sie vor allem Ihre aerobe Fitness.

Ab dieser Woche absolvieren Sie ein aktives Erholungstraining zwischen den Übungsteilen. Dies geschieht entweder durch Rad fahren wie im Abschnitt »Lockeres Fahren« *(S. 81)* oder ein anderes leichtes Training wie Schwimmen oder Walken. Achten Sie in jedem Fall darauf, 70% Ihrer MHF nicht zu überschreiten. Wenn Sie für ein richtiges Training keine Zeit haben, versuchen Sie trotzdem aktiv zu sein, indem Sie mehr gehen und Treppen steigen oder ein kurzes Stretching absolvieren. Wärmen Sie sich vor dem Stretching jedoch fünf Minuten mit einer leichten aeroben Übung auf.

Rausch der Geschwindigkeit
Geschwindigkeit kann berauschend sein, aber selbst wenn Sie das Trainingspensum locker absolvieren, sollten Sie die Übungsteile nicht verlängern.

DIE DRITTE WOCHE AUF EINEN BLICK

Mo
- Aktives Erholungstraining. Kein regulärer Übungsteil, aber Sie sollten heute etwas aktiver sein. Fahren Sie 20–30 Min. Rad, gehen Sie schwimmen oder walken Sie.

Di
1. **Übungsteil: Schnell und langsam**
- Intervalltraining
- Anspruchsvolles aerobes Training auf dem bisher härtesten Level
- Die intensiven Beschleunigungsphasen stimulieren Ihre schnellen Muskelfasern, sodass Ihre Muskeln gut trainiert und definiert werden.

Mi
- Aktives Erholungstraining wie am Montag

Do
2. **Übungsteil: Belastungstraining**
- Konstante Geschwindigkeit
- Anspruchsvolle Trainingseinheit zum Aufbau aerober Fitness

Fr
- Aktives Erholungstraining wie am Montag

Sa
3. **Übungsteil: Sprints**
- Sprinttraining
- Ausdauertraining, das von Sprints unterbrochen wird, um die Muskeln zu trainieren
- Eine lange Abkühlungsphase bereitet Sie auf die morgige Trainingseinheit vor.

So
4. **Übungsteil: Gruppenfahrt**
- Konstante Geschwindigkeit
- Langer aerober Übungsteil, hauptsächlich Ausdauertraining
- Als Gruppentraining geeignet

DRITTE WOCHE: ERSTER ÜBUNGSTEIL

SCHNELL UND LANGSAM

Das Training an der Belastungsgrenze verbessert Ihre Fitness enorm, allerdings werden dabei größere Mengen an Milchsäure produziert, die Ihre Muskeln angreift. In dieser Einheit trainieren Sie knapp unterhalb der Belastungsgrenze.

INFORMATION	
Länge	Anf. 31 Min. F. 1 42 Min. F. 2 48 Min.
Art	Intervalltraining
Terrain	eben/leichte Steigung
Intensität	●●○ ●●○ ●○○

Wärmen Sie sich auf, bis Sie 75% der MHF erreicht haben und behalten Sie das Tempo so lange wie angegeben bei. Anschließend fahren Sie 15 Sekunden so schnell Sie können und erholen sich dann 15 Sekunden lang. Verändern Sie dabei Ihre Körperposition *(s. gegenüber)*. Wiederholen Sie den Wechsel zwischen schnellem und langsamem Fahren so oft wie angegeben. Beobachten Sie, wie Ihre Herzfrequenz immer weiter ansteigt und sich Ihrer Belastungsgrenze (80–85% Ihrer MHF) nähert. Sobald Sie das Gefühl haben, dass Ihre Herzfrequenz darüber hinaus steigt, gehen Sie den nächsten Sprint etwas langsamer an. Beenden Sie den Übungsteil mit 60–70% Ihrer MHF.

Obwohl es auf ebener Strecke einfacher ist, die Herzfrequenz zu kontrollieren, können Sie diese Einheit auch an einer leichten Steigung absolvieren. Bei Gegenwind werden die Sprints noch intensiver.

Da Sie eine Reihe von kurzen, schnellen Sprints absolvieren, stimuliert diese Trainingseinheit sowohl Ihre schnellen als auch Ihre langsamen Muskelfasern.

Kontrollierte Anstrengung
Beim Beschleunigen sollten Sie kraftvoll treten und sich beim langsamen Fahren ausreichend erholen.

ÜBERSICHT	Anfänger	Fortg. 1	Fortg. 2
■ Aufwärmen: 75% der MHF anpeilen und beibehalten	15 Min.	25 Min.	30 Min.
■ Fahren Sie so schnell Sie können.	15 Sek.	15 Sek.	15 Sek.
■ Fahren Sie langsam.	15 Sek.	15 Sek.	15 Sek.
■ Wdh. schnell/langsam fahren	4 mal	8 mal	12 mal
■ Beenden Sie den Übungsteil mit 60–70% Ihrer MHF.	15 Min.	15 Min.	15 Min.
■ Crunches *(S. 59)*	10 mal	15 mal	20 mal
■ Rumpfübungen *(S. 54–55)*	10 mal	15 mal	20 mal
■ Cool-down mit den Stretching-Übungen *S. 52–53*			

Weitere hilfreiche Techniken: Sprintposition *S. 91*, Fahren bei Wind *S. 129*

TECHNIK: ANPASSEN DER KÖRPERPOSITION AN DIE GESCHWINDIGKEIT

Sie müssen Ihre Körperposition verändern. Bleiben Sie beim Sprint im Sattel und benutzen Sie Ihren Oberkörper, um Ihre Beine zu unterstützen. Wenn Sie langsam fahren, verändern Sie Ihre Körperposition so, dass Sie gut Luft bekommen.

1 Treten Sie schnell. Während Sie auf die Pedale Druck ausüben, ziehen Sie am Lenker. Beugen Sie Ihren Oberkörper und sitzen Sie weiter vorn auf dem Sattel, sodass Ihre Arme und Beine effektiver arbeiten können.

2 Treten Sie langsam. Sitzen Sie aufrecht, entspannen Sie Ihre Schultern und strecken Sie die Arme. Lassen Sie Ihre Beine die Pedale ohne Kraftaufwand bewegen.

DRITTE WOCHE: ZWEITER ÜBUNGSTEIL

BELASTUNGSTRAINING

Mit der heutigen Einheit trainieren Sie Ihre Belastungsfähigkeit und bauen dabei auf Ihrer schon vorhandenen Fitness auf. Sie benötigen dafür viel Energie und vor allem Flüssigkeit, weshalb ich Ihnen zeige, wie Sie auch während der Fahrt trinken können ***(s. gegenüber).***

Sobald Sie sich in der angegebenen Zeit mit 75% der MHF aufgewärmt haben, erhöhen Sie das Tempo und fahren mit 70–85% Ihrer MHF. Trainieren Sie auf ebenem oder nur leicht hügeligem Terrain, da Ihre Herzfrequenz im vorgegebenen Rahmen bleiben sollte. Wählen Sie keinen zu hohen Gang – Sie sollen zwar hart, aber kontrolliert trainieren. Achten Sie auf Veränderungen der Bodenbeschaffenheit und schalten Sie vorausschauend. Beenden Sie den Übungsteil mit 60–70% Ihrer MHF.

Einen kühlen Kopf bewahren
Etwas Wasser über den Kopf zu schütten erfrischt ebenfalls.

ÜBERSICHT	Anfänger	Fortg. 1	Fortg. 2
■ Aufwärmen: 75% der MHF anpeilen und beibehalten	10 Min.	15 Min.	20 Min.
■ Fahren Sie mit 75–80% Ihrer MHF.	10 Min.	20 Min.	30 Min.
■ Beenden Sie den Übungsteil mit 60–70% Ihrer MHF.	10 Min.	10 Min.	10 Min.
■ Bizepscurl *(S. 57)*	10 mal	15 mal	20 mal
■ Rumpfübungen *(S. 54–55)*	10 mal	15 mal	20 mal
■ Cool-down mit den Stretching-Übungen von *S. 52–53*			

INFORMATION

Länge	**Anf.** 30 Min. **F. 1** 45 Min. **F. 2** 1 Std.
Art	konstantes Tempo
Terrain	eben oder leicht hügelig
Intensität	●●● ●●○ ●○○

TECHNIK: TRINKEN WÄHREND DER FAHRT ▶

Es ist wichtig, dass Sie während anstrengender Trainingseinheiten (selbst bei kaltem Wetter) ausreichend trinken. Wenn Sie dafür nicht anhalten wollen – z.B. um Ihre Herzfrequenz in einem bestimmten Bereich zu halten –, können Sie mit dieser Technik auch während der Fahrt trinken. Bevor Sie dies allerdings auf der Straße ausprobieren, sollten Sie üben, die Flasche aus der Halterung am Fahrrad zu nehmen.

Bei Rädern mit geradem Lenker (Mountainbike oder Hybridrad) müssen Sie die Position Ihrer Hände nicht korrigieren, da diese bereits relativ weit außen am Lenker liegen. Aus diesem Grund können Sie Schritt 1 überspringen.

TIPP

Warten Sie mit dem Trinken nicht, bis Sie durstig sind. Je älter Sie werden, desto weniger verlässlich ist Ihr Durstmechanismus. Versuchen Sie, ungefähr alle 10 Minuten zu trinken. Manche Uhren und Pulsmesser haben Alarmfunktionen, die Sie als Erinnerung benutzen können.

1 Sitzen Sie relativ aufrecht auf dem Rad. Wenn Sie die Flasche mit der rechten Hand greifen wollen, legen Sie die linke Hand auf den linken Bremshebel, um das Gleichgewicht zu halten, während Sie mit der rechten Hand nach der Flasche greifen.

2 Schauen Sie nach vorn und nehmen Sie die Flasche vorsichtig aus der Halterung am Fahrrad. Machen Sie diese Bewegung möglichst ruhig und vorzugsweise auf einem flachen Streckenabschnitt. Trinken Sie nicht während Sie bergauf oder bergab fahren.

3 Schauen Sie weiter nach vorn, heben Sie die Flasche an den Mund und neigen Sie den Kopf leicht seitlich nach hinten. Eventuell müssen Sie Ihre Zähne benutzen, um die Verschlusskappe zu öffnen. Nachdem Sie getrunken haben, befestigen Sie die Flasche vorsichtig wieder in der Halterung.

DRITTE WOCHE: DRITTER ÜBUNGSTEIL

SPRINTS

Diese Trainingseinheit zielt auf Ihre schnellen Muskelfasern ab – Sprinten ist eine sehr dynamische Bewegung, bei der die Muskeln im ganzen Körper stimuliert werden. Sie absolvieren kurze Anstrengungen gefolgt von langen Erholungspausen.

INFORMATION	
Länge	**Anf.** 25 Min. **F. 3** 45 Min. **F. 2** 1 Std. 5 Min.
Art	Sprinttraining
Terrain	eben
Intensität	●●● ●●● ●●●

Suchen Sie sich für diesen Übungsteil einen flachen Straßenabschnitt. Denken Sie daran, sich vor jedem Sprint umzuschauen und zu überprüfen, ob die Straße frei ist.

Wärmen Sie sich zu Beginn langsam auf, bis Sie 75% Ihrer MHF erreichen und behalten Sie die Geschwindigkeit für den angegebenen Zeitraum bei. Dann sprinten Sie 10 Sekunden lang so schnell Sie können. In der verbleibenden Zeit erholen Sie sich bei langsamem Tempo. Wiederholen Sie den Wechsel zwischen Sprint und Erholung so oft wie angegeben.

Schauen Sie während des Sprintens nicht nach unten. Strengen Sie sich an, aber fahren Sie kontrolliert – Ihr Rad sollte nicht hin und her schwingen. Halten Sie es durch verstärktes Ziehen am Lenker gerade. Beenden Sie die Trainingseinheit mit 60–70% Ihrer MHF.

ÜBERSICHT	Anfänger	Fortg. 1	Fortg. 2
■ Aufwärmen: 75% der MHF anpeilen und beibehalten	10 Min.	15 Min.	20 Min.
■ Sprint	10 Sek.	10 Sek.	10 Sek.
■ Fahren Sie mit 60–65% Ihrer MHF.	4 Min. 50 Sek.	4 Min. 50 Sek.	4 Min. 50 Sek.
■ Wdh. Sprint/Erholung	1 mal	3 mal	5 mal
■ Beenden Sie den Übungsteil mit 60–70% Ihrer MHF.	10 Min.	15 Min.	20 Min.
■ Rumpfübungen *(S. 54–55)*	10 mal	15 mal	20 mal
■ Cool-down mit den Stretching-Übungen von *S. 52–53*			

Beim Sprinten aus dem Sattel gehen
Gehen Sie aus dem Sattel und treten Sie kräftig in die Pedale. Um das Rad gerade zu halten, sollten Sie den Lenker leicht nach oben ziehen.

TECHNIK: SPRINTPOSITION

Mithilfe der richtigen Sprintposition werden nicht nur Ihre Beine sondern Ihr ganzer Körper trainiert. Eine gute Technik hilft Ihnen außerdem in einer Linie zu sprinten, was für Ihre Sicherheit besonders wichtig ist.

Halten Sie Brust und Rumpf parallel zum Boden und Ihren Rücken so gerade wie möglich. Um Ihr Rad besser kontrollieren und in aufrechter Position halten zu können, ziehen Sie den Lenker leicht nach oben.

Weitere hilfreiche Techniken: Bergsprint S. 99, Stehende Starts S. *108–109*

DRITTE WOCHE: VIERTER ÜBUNGSTEIL

GRUPPENFAHRT

Heute fahren Sie mit verhaltenem Tempo, jedoch länger als bisher. So verbessern Sie Ihre Ausdauer. Versuchen Sie, diesen Übungsteil gemeinsam mit Freunden oder Ihrer Familie zu absolvieren, so können Sie sich beim Führen der Gruppe abwechseln.

INFORMATION

Länge	Anf.	1 Std. 10 Min.
	F. 1	1 Std. 25 Min.+
	F. 2	1 Std. 40 Min.+
Art	konstantes Tempo	
Terrain	hügelig	
Intensität	●●● ●●○ ●●○	

Genießen Sie diese lange Tour und achten Sie auf ein moderates Tempo. Damit Sie Ihre Ausdauer verbessern können, muss das heutige Training immer aerob sein – wenn Sie nach dem Sprechen tief Atem holen, trainieren Sie mit der richtigen Intensität. Überschreiten Sie niemals 80% Ihrer MHF. Sinkt Ihre Herzfrequenz unter 60% Ihrer MHF – dies könnte der Fall sein, wenn Sie z.B. Rücksicht auf kleine Kinder nehmen müssen –, profitieren Sie kaum von dieser Trainingseinheit. Um die Intensität trotzdem zu steigern, können Sie zusätzliches Gewicht transportieren.

ÜBERSICHT	Anfänger	Fortg. 1	Fortg. 2
■ Aufwärmen: Peilen Sie 75% Ihrer MHF an.	10 Min.	10 Min.	10 Min.
■ Fahren Sie ein angenehmes Tempo, überschreiten Sie jedoch nicht 80% Ihrer MHF.	1 Std.	1 Std. 15 Min. bis 1 Std. 30 Min.	1 Std. 30 Min. bis 1 Std. 45 Min.
■ Rumpfübungen *(S. 54–55)*	10 mal	15 mal	20 mal
■ Cool-down mit den Stretching-Übungen von *S. 52–53*			

INDOOR-TRAINING

Aufwärmen. Tempo bzw. Widerstand erhöhen, bis Sie 80% der MHF erreichen. Leistung auf 70% der MHF reduzieren. Tempowechsel wiederholen. Anfänger fahren 20 Min. lang, Fortgeschrittene 1 30 Min. und Fortgeschrittene 2 40 Min.

Erhöhen Sie die Intensität
Um das Training zu intensivieren, können Sie zusätzliches Gewicht – z.B. Proviant für ein Picknick – transportieren.

Weitere hilfreiche Techniken: Entspanntes Fahren S. 96–97, Überholen S. *118–119*

TECHNIK: SICHERHEITSABSTAND

Es macht viel Spaß in einer Gruppe zu fahren, allerdings birgt dies vor allem im Gelände die Gefahr, dass Sie auf Ihren Vordermann auffahren. Wenn Sie auf der Straße vom Verkehr überholt werden, sollten Sie stets in einer Reihe hintereinander fahren.

Halten Sie vor allem auf Abfahrten ausreichend Abstand zu Ihrem Vordermann. Sie können nicht sehen, wie die Strecke sich möglicherweise verändert und wenn der Fahrer vor Ihnen plötzlich langsamer wird, brauchen Sie genügend Platz, um abzubremsen. Indem Sie auf die Schultern Ihres Vordermannes und nicht auf sein Hinterrad achten, halten Sie einen sicheren Abstand.

ÜBERSICHT: VIERTE WOCHE

Sie sind bei der Hälfte des Programms angekommen. Ihre aerobe Fitness hat sich inzwischen verbessert, und Sie merken wahrscheinlich, dass auch Ihre Muskeln besser trainiert und definiert sind. Wiederholen Sie den Radfahrtest *(s. S. 63)*, um Ihre Fortschritte zu messen. Obwohl einige Übungsteile dieser Woche ein Muskeltraining beinhalten, sollten Sie sich hauptsächlich auf den Test konzentrieren.

Testen Sie Ihre Fortschritte

In dieser Woche absolvieren Sie drei Übungsteile sowie den Radfahrtest. Letzterer misst jedoch nur einen Aspekt Ihrer verbesserten Fitness – Ihre Schnelligkeit. Die Tatsache, dass Sie nun schneller fahren können als zu Beginn des Programms, zeigt Ihnen zwar an, dass Sie Fortschritte gemacht haben, ist jedoch nicht die einzige Möglichkeit zur Messung Ihrer Leistungssteigerung. Aussagekräftiger ist, wie Sie sich fühlen. Lassen Sie sich nicht beirren, wenn Sie Ihre ursprüngliche Zeit nicht verbessern können. Bei vielen Menschen machen sich Veränderungen der Fitness erst nach ungefähr fünf Wochen bemerkbar. Außerdem gibt es externe Faktoren, über die Sie keine Kontrolle haben – z. B. Wetterbedingungen, Ihre Laune oder Gesundheit. Bleiben Sie hoch motiviert und setzen Sie das Programm fort – bald werden Sie Fortschritte bemerken.

Zur Vorbereitung auf den Test geht es im ersten Übungsteil ähnlich wie beim »Lockeren Fahren« in der zweiten Woche um eine aktive Erholung. Daneben sind auch einige Beschleunigungsphasen eingebaut. Absolvieren Sie den Test zwischen dem ersten und zweiten Übungsteil. Bei den »Bergsprints« handelt es sich um ein Widerstandstraining, während Sie bei der »Abenteuertour« Ihre aerobe Fitness verbessern.

Verbessern Sie Ihre Zeit
Kontrollieren Sie Ihre Fortschritte mit einem Test – das Resultat wird Sie motivieren, sich noch mehr anzustrengen.

DIE VIERTE WOCHE AUF EINEN BLICK

Mo
- Aktives Erholungstraining; fahren Sie 20–30 Min. lang Rad oder absolvieren Sie ein anderes leichtes Training.

Di **1. Übungsteil: Entspanntes Fahren**
- Intervalltraining.
- Training mit relativ niedriger Herzfrequenz, aber einigen Intervallen, um Sie auf den morgigen Test vorzubereiten

Mi **Test**
- Konstante Geschwindigkeit
- Messen Sie Ihre Fortschritte mit dem Radfahrtest *(S. 63)*

Do
- Aktives Erholungstraining wie am Montag

Fr
- Aktives Erholungstraining wie am Montag

Sa **2. Übungsteil: Bergsprints**
- Sprinttraining
- Ausdauertraining, das von Sprints unterbrochen wird
- Durch lange Erholungsphasen zwischen den Sprints profitieren Ihre Muskeln maximal von diesem Übungsteil und werden gut trainiert.

So **3. Übungsteil: Abenteuertour**
- Konstante Geschwindigkeit
- Als Gruppentraining geeignet
- Langer aerober Übungsteil, hauptsächlich auf dem Ausdauerlevel. Durch einige Wechsel zum Belastungstraining werden Sie auf die anstrengen Übungsteile vorbereitet, die Sie in den nächsten Wochen erwarten.

ITM
AIRLITE 300

VIERTE WOCHE: ERSTER ÜBUNGSTEIL

ENTSPANNTES FAHREN

Ziel dieser Trainingseinheit ist die Vorbereitung auf den morgigen Test. Inzwischen haben Sie bestimmt bemerkt, dass Sie sich nach einem lockeren Training zwischen den anstrengenden Übungsteilen viel besser fühlen als nach einem kompletten Ruhetag.

Fahren Sie zu Beginn dieser Trainingseinheit 10 Minuten lang in einem eher niedrigen Gang, sodass sich Ihre Herzfrequenz bei 60–70% Ihrer MHF einpendelt. Anschließend treten Sie 30 Sekunden lang so kräftig Sie können im selben Gang. Währenddessen halten Sie Ihren Oberkörper möglichst still und versuchen nicht aus dem Sattel zu gehen. Erholen Sie sich 4 Minuten lang und wiederholen Sie anschließend den Wechsel zwischen schnellem Treten und Erholung so oft wie angegeben.

Zum Schluss fahren Sie mit 60–70% Ihrer MHF.

Stellen Sie sich vor, Ihr Körper wäre ein Auto, das am besten funktioniert, wenn es jeden Tag gefahren wird – und zwar nicht nur in niedrigen Drehzahlen. Bei diesem Übungsteil wärmen Sie Ihren Motor durch das Beschleunigen auf, um morgen Vollgas geben zu können. Den Rest der Trainingseinheit fahren Sie locker *(s. gegenüber)*. Denken Sie daran, den Radfahrtest *(S. 63)* zu absolvieren, bevor Sie mit dem zweiten Übungsteil dieser Woche beginnen.

ÜBERSICHT	Anfänger	Fortg. 1	Fortg. 2
■ Aufwärmen: 60–70% der MHF im niedrigen Gang fahren	10 Min.	10 Min.	10 Min.
■ Schnell im niedrigen Gang treten	30 Sek.	30 Sek.	30 Sek.
■ Fahren Sie zur Erholung mit 60–65% Ihrer MHF.	4 Min.	4 Min.	4 Min.
■ Wdh. schnelles Treten/Erholung	2 mal	3 mal	4 mal
■ Abschluss: Fahren Sie mit 60–75% Ihrer MHF.	10 Min.	10 Min.	10 Min.
■ Rumpfübungen *(S. 54–55)*	10 mal	15 mal	20 mal
■ Cool-down mit den Stretching-Übungen von *S. 52–53*			

INFORMATION	
Länge	Anf. 29 Min. F. 1 33 Min. 30 Sek. F. 2 38 Min.
Art	Intervalltraining
Terrain	eben oder hügelig
Intensität	●●○ ●●● ●●○

TECHNIK: LOCKER FAHREN ▶

Auf flachem oder leicht ansteigendem Terrain mit wenig Verkehr fahren Sie meist aufrecht. Die Arme sind dabei relativ gestreckt und die Schultern entspannt. Behalten Sie diese lockere Haltung bei. Konzentrieren Sie sich auf Ihren Kopf und den Halsbereich, da sich dort beim Rad fahren schnell Verspannungen bilden.

Bei leichten Steigungen oder leichtem Gefälle sollten Sie Ihre Hand- und Körperposition etwas verändern, um sicher und kontrolliert fahren zu können.

TIPP

Dehnen Sie die Rückseite Ihrer Oberschenkel, indem Sie aus dem Sattel gehen und die Pedale parallel zum Boden positionieren. Strecken Sie die Beine und setzen Sie sich wieder hin.

Bei einer leichten Steigung legen Sie die Hände von oben auf den Lenker Ihres Straßenrades. So können Sie am Lenker ziehen, um kraftvoller zu treten. Auch im Straßenverkehr ist dies die beste Position, da Ihre Hände näher an den Bremsen positioniert sind.

Bergab sollte sich Ihr Schwerpunkt so tief wie möglich befinden, damit Sie das Rad besser stabilisieren können. Greifen Sie den Lenker weiter unten und umfassen dabei die Bremshebel – so können Sie beim Bremsen die Hebelwirkung maximal ausnutzen.

Weitere hilfreiche Techniken: Bremsen und schalten *S. 32–33*, Sprinttraining *S. 69*

VIERTE WOCHE: ZWEITER ÜBUNGSTEIL

BERGSPRINTS

Die Sprints dieser Einheit sind besonders anspruchsvoll, da sie bergauf absolviert werden. Der Übungsteil zielt hauptsächlich auf die Beine ab. Wie immer ist eine gute Technik sehr wichtig – beim Bergsprint müssen Sie die Position Ihrer Füße leicht verändern.

INFORMATION	
Länge	**Anf.** 25 Min. **F. 1** 45 Min. **F. 2** 1 Std. 5 Min.
Art	Sprinttraining
Terrain	bergig
Intensität	●●○ ●●● ●●●

Suchen Sie sich einen kurzen, steilen Berg im Gelände oder auf der Straße. Wenn Sie die Einheit auf der Straße absolvieren, achten Sie darauf, dass dort wenig Verkehr ist.

Wärmen Sie sich langsam auf, bis Sie 75% Ihrer MHF erreichen. Dann sprinten Sie 10 Sekunden lang so schnell Sie können bergauf. Gehen Sie aus dem Sattel und achten Sie auf eine gute Tritttechnik. Sprinten Sie nicht so schnell, dass Sie nicht mehr geradeaus fahren können. Erholen Sie sich für den Rest der 5-Minuten-Spanne, indem Sie im Flachen weiterfahren. Wiederholen Sie den Wechsel zwischen Sprint und Erholung so oft wie angegeben und beenden Sie den Übungsteil mit 60–70% Ihrer MHF.

Um die Fitness weiter zu verbessern, müssen die Muskeln verschiedentlich gefordert werden. Die Kombination von Sprinttraining mit Bergauffahren trainiert die schnellen Muskelfasern.

Vorsichtiges Beschleunigen
Ziehen Sie am Lenker, während Sie mit den Füßen die Pedale nach hinten und oben ziehen.

ÜBERSICHT	Anfänger	Fortg. 1	Fortg. 2
■ Aufwärmen: 75% der MHF anpeilen und beibehalten	10 Min.	15 Min.	20 Min.
■ Sprinten Sie bergauf.	10 Sek.	10 Sek.	10 Sek.
■ Erholen Sie sich mit 60–65% Ihrer MHF.	4 Min. 50 Sek.	4 Min. 50 Sek.	4 Min. 50 Sek.
■ Wdh. Sprint/Erholung	1 mal	3 mal	5 mal
■ Beenden Sie den Übungsteil mit 60–70% Ihrer MHF.	10 Min.	15 Min.	20 Min.
■ Rumpfübungen *(S. 54–55)*	10 mal	15 mal	20 mal
■ Cool-down mit den Stretching-Übungen von *S. 52–53*			

TECHNIK: BERGSPRINT

Wenn Sie beim Bergsprint aus dem Sattel gehen, übertreiben Sie die normale Trittbewegung, um so viel Kraft wie nur möglich in die Pedale zu übertragen.

1 Wenn Sie die Pedale nach unten treten, drücken Sie Ihre Ferse leicht nach unten. So haben Sie mehr Bewegungsfreiheit in der nächsten Phase und können kraftvoller treten.

2 Während Sie aus dem Sattel gehen, ziehen Sie Ihren Fuß nach hinten und oben. Verlagern Sie Ihr Gewicht nach vorn.

3 In der Erholungsphase ziehen Sie das Pedal nach oben. Ihr Körper ist vor dem Pedal positioniert. Es sollte sich anfühlen, als würden Sie das Pedal hinter sich herziehen. Spüren Sie, wie Ihre Kniebeuger arbeiten.

Weitere hilfreiche Techniken: Effizientes Treten S. 40–41, Sprintposition S. 91

VIERTE WOCHE: DRITTER ÜBUNGSTEIL

ABENTEUERTOUR

Heute absolvieren Sie Ihre bisher längste Tour. Machen Sie die Fahrt interessanter: Planen Sie eine andere Route oder transportieren Sie Ihr Rad mit dem Auto in eine neue Gegend, um dort zu trainieren. Versuchen Sie im Gelände auf anderem Terrain zu fahren.

INFORMATION		
Länge	**Anf.**	1 Std. 10 Min.
	F. 1	1 Std. 40 Min.
	F. 2	1 Std. 55 Min.
Art	konstantes Tempo	
Terrain	hügelig	
Intensität	●●● ●●○ ●○○	

Sie können diesen Übungsteil sowohl allein als auch innerhalb einer Gruppe absolvieren. Überschreiten Sie 80% Ihrer MHF nicht. Passiert dies trotzdem bei einer Berganfahrt, ist das für Sie inzwischen kein Problem mehr. Ihre schnellen Muskelfasern werden dadurch stimuliert, und da Sie jetzt besser in Form sind als früher, macht Ihnen die Anstrengung nichts aus. Wenn Sie besonders motiviert sind, können Sie auch eine längere Strecke zurücklegen.

ÜBERSICHT	Anfänger	Fortg. 1	Fortg. 2
■ Aufwärmen: Peilen Sie 70% Ihrer MHF an.	10 Min.	10 Min.	10 Min.
■ Fahren Sie mit angenehmer Geschwindigkeit und bleiben Sie unter 80% Ihrer MHF.	mindestens 1 Std.	mindestens 1 Std. 30 Min.	mindestens 1 Std. 45 Min.
■ Rumpfübungen *(S. 54–55)*	10 mal	15 mal	20 mal
■ Cool-down mit den Stretching-Übungen von *S. 52–53*			

INDOOR-TRAINING

Wärmen Sie sich wie beschrieben auf. Fahren Sie bei konstanter Geschwindigkeit mit 70–80% Ihrer MHF. Anfänger trainieren 40 Min., Fortgeschrittene 1 50 Min. und Fortgeschrittene 2 60 Min. lang.

TECHNIK: ABHÄNGE ÜBERWINDEN

Im Gelände sollten Sie immer damit rechnen, dass sich das Gefälle plötzlich ändert und Sie über Wurzeln oder stufenartige Abhänge fahren müssen. Mit dieser Technik können Sie die Hindernisse überwinden, ohne abzusteigen und das Training zu unterbrechen. Fahren Sie langsam darauf zu und halten Sie das Rad mit Ihren Armen und Schultern unter Kontrolle. Beachten Sie, dass diese Technik nur bei Stufenhängen geeignet ist, die nicht höher als 30 cm sein sollten.

1 Fahren Sie langsam auf die Stufe zu und wählen Sie einen Punkt aus, an dem Sie das Hindernis überqueren wollen. Richten Sie Ihr Rad senkrecht zu diesem Punkt aus und gehen Sie aus dem Sattel.

2 Sobald Ihr Vorderrad die Kante überquert, ziehen Sie den Lenker nach oben. Verlagern Sie gleichzeitig Ihr Gewicht nach hinten, um das Vorderrad zu entlasten.

3 Berührt das Vorderrad wieder den Boden, verlagern Sie Ihr Gewicht nach vorn, sodass das Hinterrad entlastet wird. Sobald beide Räder wieder auf dem Boden sind, können Sie weitertreten und Ihre Fahrt fortsetzen.

TIPP

Ehe Sie den Stufenhang erreichen, stellen Sie sich vor, wie Sie Ihre Route nach dem Hindernis fortsetzen. So kommt es zu keiner Verzögerung, wenn Sie die Stufe überwunden haben. Bei schwierigem Terrain sollten Sie besonders langsam fahren, um eine geeignete Stelle zum Überqueren auszuwählen. Dann können Sie kontrolliert beschleunigen.

Weitere hilfreiche Techniken: Bremsen und schalten im Gelände *S. 34–35*, Hindernisse überwinden *S. 121*

ÜBERSICHT: FÜNFTE WOCHE

In der fünften Woche trainieren Sie nah an Ihrer anaeroben Grenze, um Ihre Fitness besonders effektiv zu verbessern. Da Ihre aerobe Fitness bereits gut entwickelt ist, können Sie nun problemlos anspruchsvollere Übungseinheiten absolvieren. Es folgen nun Trainingseinheiten, bei denen Sie bis an Ihre anaerobe Grenze beschleunigen und dann wieder etwas nachlassen. So gewöhnen Sie sich an ein Widerstandstraining.

Schnelligkeit und Kraft

Der erste Übungsteil besteht aus einem Intervalltraining an der anaeroben Grenze der Herzfrequenz. Diese Trainingseinheit ist anspruchsvoll, aber auf Ihrem jetzigen Leistungsstand problemlos zu meistern.

Bei den »Tempowechseln« beschleunigen Sie bis zur maximalen Belastung, verlangsamen dann das Tempo und erhöhen die Geschwindigkeit wieder. So absolvieren Sie ein aerobes Widerstandstraining. In den weiteren Übungsteilen tauchen ebenfalls kombinierte Trainingsmethoden auf. Jedes Training an der Belastungsgrenze ist zwar prinzipiell aerob, hat aber auch den Effekt eines Widerstandstrainings, da Sie kräftig in die Pedale treten müssen.

Gleichzeitig verbessern Sie in dieser Woche Ihre Ausdauer. Die Einheit »Stehende Starts« kombiniert erneut Widerstandstraining mit aerobem Training. Sie werden merken, dass Ihre Muskeln kräftiger und besser definiert sind.

In dieser anspruchsvollen Woche merken Sie wahrscheinlich, dass ein umfangreiches Trainingsprogramm nicht nur physisch, sondern auch mental sehr anstrengend ist. Wenn Sie sich sehr müde fühlen, können Sie am Freitag einen Ruhetag einlegen. Körperlich erholen Sie sich zwar schneller, wenn Sie ein leichtes Training absolvieren, aber mental ist es wichtig, manchmal auszusetzen.

Hartes Training
Das Training an der anaeroben Grenze verbessert Ihre aerobe Fitness enorm und beinhaltet gleichzeitig ein gutes Widerstandstraining.

DIE FÜNFTE WOCHE AUF EINEN BLICK

Mo	■ Aktives Erholungstraining; fahren Sie 20–30 Min. lang Rad oder seien Sie anders aktiv. Sie sollten 70% Ihrer MHF nicht überschreiten und die meiste Zeit unter diesem Wert bleiben.
Di	1. Übungsteil: Belastungsintervalltraining im Flachen ■ Intervalltraining ■ Sie müssen sich über einen längeren Zeitraum als gewöhnlich anstrengen und nah an Ihrer anaeroben Grenze trainieren.
Mi	■ Aktives Erholungstraining wie am Montag
Do	2. Übungsteil: Tempowechsel ■ Intervalltraining ■ Ausdauertraining mit Beschleunigungsphasen ■ Durch das Beschleunigen absolvieren Sie gleichzeitig ein Widerstandstraining.
Fr	■ Aktives Erholungstraining wie am Montag
Sa	3. Übungsteil: Stehende Starts ■ Sprinttraining ■ Ausdauertraining mit Widerstand durch wiederholte Tempowechsel
So	4. Übungsteil: Belastungsintervalltraining ■ Intervalltraining ■ Ausdauertraining bei mittlerer Belastung ■ Durch Ihr verbessertes Leistungsniveau macht Ihnen dieses harte Training trotzdem Spaß.

FÜNFTE WOCHE: ERSTER ÜBUNGSTEIL

BELASTUNGSINTERVALL-TRAINING IM FLACHEN

Sie sind bereits fit genug, um diesen anspruchsvollen Übungsteil zu absolvieren. Da Ihre Leistung während der Intervalle konstant sein sollte, gebe ich hier Tipps, damit Sie Hindernisse meistern können.

Wärmen Sie sich in der für Ihren Fitnesslevel angegebenen Zeit auf-auf, bis Sie 75% Ihrer MHF erreichen. Fahren Sie anschließend so lange wie angegeben an der Belastungsgrenze (80–85% Ihrer MHF). Erholen Sie sich gleich lange beim Fahren mit 60–70% Ihrer MHF. Dieser Wechsel wird zweimal wiederholt. Beenden Sie den Übungsteil mit 60–70% Ihrer MHF und verwenden Sie dabei einen etwas niedrigeren Gang als Sie normalerweise benutzen würden.

Durch die Anstrengung während der einzelnen Belastungsintervalle produziert Ihr Körper möglicherweise Milchsäure, die unbedingt abtransportiert werden muss, damit Sie das Programm fortsetzen können. Das schnelle Treten gegen wenig Widerstand am Ende der Trainingseinheit trägt hervorragend zum Abbau der Milchsäure bei.

ÜBERSICHT	Anfänger	Fortg. 1	Fortg. 2
■ Aufwärmen: 75% der MHF anpeilen und beibehalten	10 Min.	15 Min.	20 Min.
■ Fahren Sie mit maximaler Belastung (80–85% Ihrer MHF).	2 Min.	4 Min.	6 Min.
■ Fahren Sie zur Erholung mit 60–75% Ihrer MHF.	2 Min.	4 Min.	6 Min.
■ Wdh. max. Belastung/Erholung	x 2	x 2	x 2
■ Abschluss: Fahren Sie mit 60–70% Ihrer MHF.	12 Min.	14 Min.	16 Min.
■ Bizepscurl *(S. 57)*	10 mal	15 mal	20 mal
■ Rumpfübungen *(S. 54–55)*	10 mal	15 mal	20 mal
■ Cool-down mit den Stretching-Übungen von *S. 52–53*			

INFORMATION	
Länge	**Anf.** 30 Min. **F. 1** 45 Min. **F. 2** 1 Std.
Art	Intervalltraining
Terrain	eben
Intensität	●●● ●●● ●●○

TECHNIK: HINDERNISSE ÜBERWINDEN

Ob auf der Straße oder im Gelände – Sie müssen jederzeit mit losem oder unebenem Untergrund wie Kopfsteinpflaster, Schotter oder Sand rechnen. Mit dieser Technik können Sie ein solches Terrain sicher und ohne Geschwindigkeitsverlust überqueren.

1 Wenn Sie schnell auf ebenem Terrain fahren, treten Sie in die Pedale, während Sie den Lenker nach oben ziehen. Gewicht gleichmäßig auf Vorder- und Hinterrad verteilen.

2 Wenn Sie auf ein Streckenstück mit losem oder unebenem Untergrund zusteuern, sollten Sie nicht plötzlich panisch bremsen, da Ihr Rad andernfalls unter Ihnen wegrutschen kann. Setzen Sie sich im Sattel etwas weiter nach hinten, um die Kraftübertragung Ihres Hinterrads zu verbessern und fahren Sie über das Hindernis.

Weitere hilfreiche Techniken: Verschiedene Terrains überwinden S. *73*, Trinken während der Fahrt S. *88–89*

FÜNFTE WOCHE: ZWEITER ÜBUNGSTEIL

TEMPOWECHSEL

Heute absolvieren Sie eine weitere Trainingseinheit an der Belastungsgrenze. Da der erste Übungsteil dieser Woche jedoch so anspruchsvoll war, trainieren Sie heute etwas kürzer. Sie fahren trotzdem lang genug an der Belastungsgrenze, um maximal davon zu profitieren.

Wenn Sie diesen Übungsteil im Gelände absolvieren, suchen Sie sich eine Reihe von kurzen steilen Bergen. Strengen Sie sich beim bergauf fahren an und erholen Sie sich bei der Abfahrt.

Wärmen Sie sich in der angegebenen Zeit auf, bis Sie 75% Ihrer MHF erreichen. Beschleunigen Sie auf 80% Ihrer MHF und halten Sie dieses Tempo fünf Sekunden lang. Wiederholen Sie den Wechsel zwischen Beschleunigungsphase und Erholung so oft wie angegeben. Die jeweils ersten fünf Pedalumdrehungen während des Beschleunigens sollten besonders kraftvoll sein. Durch diese Tempowechsel absolvieren Sie ein hartes aerobes Training, bei dem zugleich Ihre schnellen Muskelfasern stimuliert werden, sodass Ihre Beinmuskulatur gekräftigt und definiert wird. Beenden Sie die Trainingseinheit, indem Sie für die angegebene Zeit mit 60–70% Ihrer MHF fahren.

ÜBERSICHT	Anfänger	Fortg. 1	Fortg. 2
■ Aufwärmen: 75% der MHF anpeilen und beibehalten	10 Min.	15 Min.	20 Min.
■ Beschleunigen Sie auf 80% Ihrer MHF.	5 Sek. bei 80%	5 Sek. bei 80%	5 Sek. bei 80%
■ Tempo verlangsamen, bis Sie wieder 70% Ihrer MHF erreichen	5 Sek. bei 70%	5 Sek. bei 70%	5 Sek. bei 70%
■ Wdh. Tempowechsel	2 mal	4 mal	8 mal
■ Abschluss: Fahren Sie mit 60–75% Ihrer MHF.	12 Min.	14 Min.	16 Min.
■ Seitliches Anheben *(S. 56)*	10 mal	15 mal	20 mal
■ Rumpfübungen *(S. 54–55)*	10 mal	15 mal	20 mal
■ Cool-down mit den Stretching-Übungen von *S. 52–53*			

INFORMATION	
Länge	**Anf.** 26 Min. **F. 1** 37 Min. **F. 2** 52 Min.
Art	Intervalltraining
Terrain	hügelig
Intensität	♥ ●●● / ●●● / ●●○

TECHNIK: UNEBENES TERRAIN ÜBERWINDEN ▶

Im Gelände ist die Zugkraft beim bergauf fahren besonders wichtig. Mithilfe dieser Technik bleiben Ihre Räder am Boden, sodass Sie immer kontrolliert und sicher fahren.

Um Abhänge im Gelände zu überwinden, sollten Sie aus dem Sattel gehen. Beugen Sie Arme und Beine leicht und lassen Sie Ihren Körper locker, damit das Rad die Stöße des unebenen Terrains abfängt. Je steiler der Abhang, desto weiter sollten Sie Ihr Gewicht nach hinten verlagern. Schauen Sie immer nach vorn.

TIPP

Ihre Arme und Beine fungieren als Federungssystem für den Rest Ihres Körpers – beugen Sie sie leicht an Ellbogen und Knien und fangen Sie so die Stöße ab. Dadurch werden die Muskeln dort gleichzeitig trainiert.

Weitere hilfreiche Techniken: Abhänge überwinden *S. 101*, Hindernisse überwinden *S. 121*

FÜNFTE WOCHE: DRITTER ÜBUNGSTEIL

STEHENDE STARTS

Diese Trainingseinheit beinhaltet Sprints. Da Sie beinahe aus dem Stand beschleunigen, brauchen Sie sogar noch mehr Muskelkraft als beim bergauf sprinten. Die Sprints in diesem Übungsteil sind etwas länger, wodurch Sie Ihre aerobe Fitness verbessern.

INFORMATION	
Länge	**Anf.** 25 Min. **F. 1** 43 Min. **F. 2** 63 Min.
Art	Sprinttraining
Terrain	eben
Intensität	●●○ ●●● ●●○

Kraft und Kontrolle
Schwingen Sie während der Beschleunigung nicht hin und her.

Aufwärmen, bis Sie 75% der MHF erreichen. Tempo beibehalten. In einen Gang schalten, bei dem sich die Kette auf dem größten Kettenblatt und einem mittelgroßen Ritzel befindet. Das Tempo verlangsamen, bis Sie fast anhalten. Suchen Sie sich dafür einen flachen Streckenabschnitt. Einen stehenden Start *(s. gegenüber)* absolvieren, indem Sie aus dem Sattel gehen und mit aller Kraft beschleunigen. Darauf achten, dass Ihr Rad so wenig wie möglich wackelt. Sobald Sie schnell genug treten, hinsetzen und für den Rest der 20 Sekunden sprinten. 2 Minuten erholen, dann 15 Sekunden lang langsam treten. Wechsel zwischen Beschleunigung und Erholung so oft wie angegeben wiederholen.

Übungsteil mit 60–70% der MHF beenden, aber einen niedrigeren Gang als üblich benutzen.

ÜBERSICHT	Anfänger	Fortg. 1	Fortg. 2
■ Aufwärmen: 75% der MHF anpeilen und beibehalten	10 Min.	15 Min.	20 Min.
■ Auf Schritttempo verlangsamen und wieder beschleunigen	20 Sek.	20 Sek.	20 Sek.
■ Erholen Sie sich bei 60–70% Ihrer MHF.	2 Min.	2 Min.	2 Min.
■ Lockeres Treten	15 Sek.	15 Sek.	15 Sek.
■ Wdh. Beschleunigung/Erholung	2 mal	3 mal	5 mal
■ Abschluss: Fahren Sie mit 60–75% Ihrer MHF.	10 Min.	20 Min.	30 Min.
■ Rumpfübungen *(S. 54–55)*	10 mal	15 mal	20 mal
■ Cool-down mit den Stretching-Übungen von *S. 52–53*			

TECHNIK: STEHENDE STARTS

Die richtige Technik ist nicht nur wichtig, um von dieser Trainingseinheit optimal zu profitieren, sondern erhöht auch Ihre Sicherheit. Bei der extremen Verlangsamung des Tempos wächst die Gefahr, stark zu wackeln: Auf der Straße können Sie so den Verkehr behindern und im Gelände verlieren Sie eventuell die Bodenhaftung und stürzen. Schauen Sie sich um, ehe Sie mit dem Sprint beginnen.

1 Schauen Sie sich um, ob die Straße frei ist. Bei einem Straßenrad greifen Sie den Lenker oben, während Sie den Kopf drehen. Damit Ihr Rad nicht ausbricht, sollten Sie auf keinen Fall den Lenker in die Richtung ziehen, in die Sie schauen.

2 Greifen Sie den Lenker nun unten, um die maximale Hebelwirkung auszunutzen. Während Sie mit dem linken Bein nach unten treten, ziehen Sie das rechte nach oben. Ziehen Sie gleichzeitig mit beiden Händen am Lenker.

3 Mit dem rechten Bein ins Pedal treten, das linke nach oben ziehen. Den Sprint beenden, sobald sich die Beine zu schnell bewegen, um oberhalb des Sattels zu bleiben. Dauert dies länger als 20 Sekunden, beim nächsten Mal einen niedrigeren Gang wählen.

Weitere hilfreiche Techniken: Bremsen und schalten S. 32–35, Sicherheit im Straßenverkehr S. 44–45

FÜNFTE WOCHE: VIERTER ÜBUNGSTEIL

BELASTUNGSINTERVALL-TRAINING

Wenn Sie längere Zeit mit mittlerer Belastung fahren, verbessern Sie Ihre aerobe Fitness und verbrauchen viel Energie. Sie trainieren länger als bisher, dafür ist der Übungsteil in mehrere Segmente unterteilt.

INFORMATION

Länge	Anf. 1 Std. F. 1 1 Std. 20 Min. F. 2 1 Std. 40 Min.
Art	Intervalltraining
Terrain	hügelig
Intensität	●●● ●●○ ●●○

Absolvieren Sie diese Trainingseinheit auf hügeligem oder bergigem Terrain. Die Anstiege sollten aber nicht zu lange und zu steil sein. Mithilfe der rechts beschriebenen Technik können Sie Ihre Herzfrequenz im vorgegebenen Bereich halten.

Aufwärmen, bis Sie 75% der MHF erreichen. Dann fahren Sie so lange wie angegeben mit 75–80% der MHF. Erholen, indem Sie genauso lange mit 60–70% Ihrer MHF fahren. Dreimal wiederholen. Abschließend mit 60–70% der MHF fahren.

ÜBERSICHT	Anfänger	Fortg 1	Fortg. 2
■ Aufwärmen: 75% der MHF anpeilen und beibehalten	10 Min.	15 Min.	20 Min.
■ Fahren Sie mit mittlerer Belastung (75–80% Ihrer MHF).	5 Min.	10 Min.	15 Min.
■ Mit 60–70% Ihrer MHF fahren	5 Min.	5 Min.	5 Min.
■ Wdh. mittlere Belastung/Erholung	3 mal	3 mal	3 mal
■ Abschluss: Fahren Sie mit 60–70% Ihrer MHF.	20 Min.	20 Min.	20 Min.
■ Seitliches Anheben *(S. 56)*	10 mal	15 mal	20 mal
■ Rumpfübungen *(S. 54–55)*	10 mal	15 mal	20 mal
■ Cool-down mit den Stretching-Übungen von *S. 52–53*			

INDOOR-TRAINING

10 Min. lang aufwärmen, bis Sie 75% der MHF erreichen. Wie beschrieben mit 75–80% der MHF fahren und anschließend 5 Min. lang erholen. Wiederholen Sie diese Übung zwei Mal und fahren Sie zum Abschluss 10 Min. lang mit 60–70% ihrer MHF.

Fahren Sie technisch sauber bergauf
Kleinere Berge sind kein Problem, wenn Sie sie mit der richtigen Technik anfahren.

TECHNIK: SCHALTEN AM BERG

Um auf Bergen durch die richtige Schalttechnik Kräfte zu sparen, brauchen Sie ein wenig Übung. Benutzen Sie bergauf niedrige und bergab hohe Gänge. Versuchen Sie, vorausschauend zu schalten.

1 Schalten Sie bereits vor einem Berganstieg oder einem Gefälle. Bergauf benötigen Sie niedrige Gänge: Je kleiner das Kettenblatt und je größer das Ritzel, desto niedriger der Gang. Wenn Ihr Schalthebel im Bremshebel integriert ist, legen Sie Ihre Hände darauf.

2 An einem Berg kann sich die Steigung ändern, weshalb Sie möglicherweise mehrmals schalten müssen. Schalten Sie stets vor der Änderung der Steigung, damit Ihre Leistung möglichst konstant bleibt.

3 Um an steilen Bergen Kräfte zu sparen, gehen Sie aus dem Sattel und verlagern Sie Ihr Gewicht entsprechend. Ziehen Sie mit beiden Händen am Lenker und bewegen Sie Körper und Beine synchron. Halten Sie den Rücken gerade und öffnen Sie die Brust, um Ihre Atmung nicht zu behindern.

Weitere hilfreiche Techniken: Bremsen und schalten S. 32–35, Anfahren eines Berges S. 76–77

ÜBERSICHT: SECHSTE WOCHE

In dieser Woche geht es erneut in die Berge. Auf dem Programm steht ein besonders intensives aerobes Training. Da Sie bergauf kräftig in die Pedale treten müssen, erhalten Sie gleichzeitig ein gutes Widerstandstraining. Suchen Sie sich für die letzten beiden Übungsteile ein hügeliges Terrain. In dieser Woche lernen Sie zudem eine neue Art des Trainings in der Gruppe kennen.

Neue Herausforderungen

Der erste Übungsteil dieser Woche – »Intervalltraining am Berg« – ist ein hervorragendes aerobes Training, das gleichzeitig auch auf Ihre Beinmuskulatur abzielt. Gehen Sie bei diesem Übungsteil aus dem Sattel, damit auch Ihr Oberkörper trainiert wird. Erreicht Ihre Herzfrequenz nach dem ersten Intervall nicht den maximalen Belastungswert, sollten Sie die Trainingseinheit mit 60–70% Ihrer MHF beenden. Wiederholen Sie das Programm der fünften Woche ab dem zweiten Übungsteil. Beginnen Sie dann noch einmal mit dem Programm der sechsten Woche.

Die ersten fünf Wochen haben Sie sich auf das anspruchsvolle »Muskelintervalltraining« vorbereitet. Ihre Sehnen und Bänder sind kräftig genug für diese Einheit. Ihre Beine werden bei diesem Training besonders beansprucht. Da die Muskelfasern hart arbeiten müssen, sollten Sie Ihre Beine warm halten. Tragen Sie an kalten Tagen eine lange Hose *(s. S. 22–25)*.

Die dritte Übungseinheit können Sie in der Gruppe absolvieren. Dabei lernen Sie, einen Sicherheitsabstand einzuhalten und richtig zu überholen. Meiden Sie dafür viel befahrene Straßen.

Die abschließende Trainingseinheit ist besonders anstrengend. Bei Ihrem jetzigen Leistungsstand können Sie solchen Herausforderungen jedoch relativ gelassen entgegenblicken.

Berganstiege
Berge sind das ideale Terrain fürs Radtraining. Beginnen Sie die Anstiege langsam und verwenden Sie einen niedrigen Gang.

DIE SECHSTE WOCHE AUF EINEN BLICK

Mo
- Aktives Erholungstraining; daran sollten Sie sich inzwischen gewöhnt haben. Absolvieren Sie ein leichtes Training, das Ihnen Spaß macht.

Di 1. Übungsteil: Intervalltraining am Berg
- Intervalltraining
- Anspruchsvolles Bergtraining an der Belastungsgrenze mit kleineren Erholungspausen

Mi
- Aktives Erholungstraining wie am Montag

Do 2. Übungsteil: Muskelintervalltraining
- Intervalltraining
- Anspruchsvolles Training mit hohen Gängen, das als Krafttraining für Ihre Beine dient
- Ihre aerobe Fitness wird durch zusätzliches Ausdauertraining verbessert.

Fr
- Aktives Erholungstraining wie am Montag

Sa 3. Übungsteil: Intervalle in der Gruppe
- Intervalltraining
- Sollte am besten in einer Dreiergruppe absolviert werden
- Die Fahrer wechseln sich bei der Führung der Gruppe ab und trainieren für kürzere Zeiträume mit mittlerer Belastung.

So 4. Übungsteil: Mittleres Belastungstraining
- Konstante Geschwindigkeit
- Relativ anstrengender Übungsteil mit Erholungsphasen während der Abfahrten

SECHSTE WOCHE: ERSTER ÜBUNGSTEIL

BERG-INTERVALLTRAINING

Auch heute trainieren Sie wieder nahe an der Belastungsgrenze. Da Sie die Intervalle am Berg absolvieren, müssen Sie besonders kräftig in die Pedale treten. Versuchen Sie immer wieder aus dem Sattel zu gehen, damit Ihr Oberkörper ebenfalls trainiert wird.

INFORMATION	
Länge	**Anf.** 31 Min. **F. 1** 44 Min. **F. 2** 1 Std. 2 Min.
Art	Intervalltraining
Terrain	bergig
Intensität	●●● ●●● ●●●

Suchen Sie sich einen Berganstieg, den Sie in ca. 4 Minuten erklimmen können und der zum Ende hin steiler wird. Im Gelände wenden Sie die rechts beschriebene Technik an, um Kräfte zu sparen.

Aufwärmen, bis Sie 75% der MHF erreichen. Dann fahren Sie mit 80–85% Ihrer MHF bergauf. Wählen Sie die Gänge dabei so aus, dass Ihre Herzfrequenz im vorgegebenen Bereich bleibt. Wenn möglich, gehen Sie die letzten 30 Sekunden aus dem Sattel und halten genau 85% Ihrer MHF bei. Erholen Sie sich während der Abfahrt und auf dem flachen Stück vor dem Berg. Wechsel zwischen Bergauffahrt und Erholungsphase so oft wie angegeben wiederholen. Zum Abschluss mit 60–70% der MHF fahren.

Stellen Sie sich vor, Sie selbst und Ihr Rad haben kein Gewicht. Sie werden überrascht sein, wie effektiv diese Übung ist.

ÜBERSICHT	Anfänger	Fortg. 1	Fortg. 2
■ Aufwärmen: Peilen Sie 75% Ihrer MHF an.	10 Min.	10 Min.	10 Min.
■ Fahren Sie mit 80–85% Ihrer MHF bergauf.	4 Min.	4 Min.	4 Min.
■ Erholen Sie sich, während Sie den gleichen Berg hinunterfahren.	4 Min.	4 Min.	4 Min.
■ Wdh. Berg/Erholung	× 2	× 3	× 4
■ Beenden Sie den Übungsteil mit 60–70% Ihrer MHF.	5 Min.	10 Min.	20 Min.
■ Schulterpressen *(S. 57)*	10 mal	15 mal	20 mal
■ Rumpfübungen *(S. 54–55)*	10 mal	15 mal	20 mal
■ Cool-down mit den Stretching-Übungen von *S. 52–53*			

Training am Berg
Halten Sie das Rad gerade und kontrollieren Sie es, indem Sie den Lenker nach hinten ziehen.

TECHNIK: BERGANSTIEGE IM GELÄNDE

Bei einem steilen Berg im Gelände müssen Sie eine etwas andere Technik anwenden als auf der Straße. Dort gehen Sie aus dem Sattel, verlagern das Gewicht nach vorn und ziehen das Rad nach hinten. Wenn Sie dies im Gelände versuchen, könnte Ihr Hinterrad durchdrehen – Sie könnten stürzen.

1 Sobald der Berg steiler wird, schalten Sie zurück. Wenn Sie den niedrigsten Gang erreicht haben, setzen Sie sich weiter vorn auf den Sattel und ziehen den Lenker nach hinten. Verlagern Sie möglichst viel Gewicht auf das Hinterrad.

2 Wenn der Berg sehr steil wird, gehen Sie aus dem Sattel. Denken Sie daran, das Gewicht nach hinten zu verlagern und sich nach vorn zu beugen – Sie sollten praktisch über dem Sattel schweben. Ziehen Sie den Lenker weiter nach hinten und nicht nach oben.

Weitere hilfreiche Techniken: Bremsen und schalten im Gelände S. *34–35*, Hindernisse überwinden S. *104–105*

SECHSTE WOCHE: ZWEITER ÜBUNGSTEIL

MUSKELINTERVALL-TRAINING

Dieser Übungsteil ist wie ein Krafttraining auf dem Rad. Sie fahren mit hohen Gängen und treten kraftvoll in die Pedale. Überfordern Sie sich nicht und achten Sie auf eine gute Technik.

Wärmen Sie sich auf, bis Sie 75% der MHF erreichen. Schalten Sie dann auf einem flachen oder leicht hügeligen Streckenabschnitt in einen hohen Gang. Treten Sie eine Minute lang kräftig in die Pedale. Wählen Sie eine Übersetzung, bei der Sie nicht mehr als 60 Pedalumdrehungen in der Minute durchführen. Um dies zu überprüfen, zählen Sie 10 Sekunden lang die Umdrehungen. Halten Sie den Oberkörper still, treten Sie kräftig und achten Sie auf eine gute Technik. Erholen Sie sich zwei Minuten lang, indem Sie mit einer niedrigeren Herzfrequenz fahren. Wiederholen Sie die Übung so oft wie angegeben. Fahren Sie zum Abschluss mit 60–75% Ihrer MHF. Ist Ihnen die Einheit leicht gefallen, sollten Sie versuchen, näher an 75% der MHF zu bleiben.

Diese Trainingseinheit stellt eine hohe Belastung für Ihre Muskeln und Ihr Bindegewebe dar. Sollten Sie Schmerzen in den Beinen, Knien oder im Rücken verspüren, brechen Sie das Training ab. Fahren Sie langsam nach Hause und holen Sie ärztlichen Rat ein.

ÜBERSICHT	Anfänger	Fortg. 1	Fortg. 2
■ Aufwärmen: 75% der MHF anpeilen und beibehalten	10 Min.	15 Min.	20 Min.
■ Im hohen Gang schnell treten	1 Min.	1 Min.	1 Min.
■ Mit 60–70% der MHF fahren	2 Min.	2 Min.	2 Min.
■ Wdh.	2 mal	3 mal	4 mal
■ Beenden Sie den Übungsteil mit 60–75% Ihrer MHF.	15 Min.	20 Min.	25 Min.
■ Bizepscurl *(S. 57)*	10 mal	15 mal	20 mal
■ Rumpfübungen *(S. 54–55)*	10 mal	15 mal	20 mal
■ Cool-down mit den Stretching-Übungen von *S. 52–53*			

Weitere hilfreiche Techniken: Effizientes Treten *S. 40–41*, Trinken während der Fahrt *S. 88–89*

INFORMATION	
Länge	**Anf.** 31 Min. **F. 1** 44 Min. **F. 2** 57 Min.
Art	Intervalltraining
Terrain	eben
Intensität	♥ ●●○ · ●●● · ●●○

TECHNIK: TRETEN IN HOHEN GÄNGEN ▶

Wenn Sie in einem hohen Gang fahren, ist die richtige Technik besonders wichtig, um von jeder Pedalumdrehung maximal zu profitieren und so viele Muskelfasern wie möglich zu stimulieren. Achten Sie darauf, Ihre Schultern und Hüften ruhig zu halten, um Ihre Beine zu isolieren – nur so können die Beine die ganze Arbeit verrichten.

Umfassen Sie fest den Lenker, so können Sie den Oberkörper besser still halten. Versuchen Sie, Ihre Hüften und Schultern so waagerecht wie möglich zu positionieren, dann arbeiten Ihre Beine besonders effizient.

TIPP

Benutzen Sie diesen Übungsteil, um Ihre Rumpfmuskulatur *(s. S. 10–11)* zu trainieren. Spannen Sie während des Intervalltrainings Ihre Bauchmuskeln an, um den Oberkörper ruhig halten zu können. .

SECHSTE WOCHE: DRITTER ÜBUNGSTEIL

INTERVALLE IN DER GRUPPE

Das Hintereinanderfahren steigert den Trainingseffekt, da der führende Fahrer besonders kräftig treten muss. Wechseln Sie sich in der Führung der Gruppe ab.

INFORMATION	
Länge	Anf. 30 Min. F. 1 45 Min. F. 2 1 Std.
Art	Intervalltraining
Terrain	eben oder hügelig
Intensität	●●○ ●●○ ●●○

Idealerweise benötigen Sie drei Fahrer für diese Trainingseinheit. Wärmen Sie sich in der angegebenen Zeit auf, bis Sie 75% Ihrer MHF erreichen und fahren Sie dann in einer Reihe hintereinander her. Der führende Fahrer fährt mit etwas mehr als 75% seiner MHF und wählt ein Tempo, dem die anderen gut folgen können. Er sollte dabei jedoch 85% seiner MHF nicht überschreiten. Nach einer Minute lässt er sich zurückfallen, sodass die anderen ihn überholen können. Benutzen Sie für diesen Vorgang die rechts beschriebene Technik. Wechseln Sie sich so oft wie angegeben mit der Führungsarbeit ab und fahren Sie zum Abschluss fünf Minuten lang mit 60–70% Ihrer MHF.

Kennen Sie keine Fahrer, die gleich fit sind wie Sie, oder fühlen Sie sich in einer Gruppe unwohl, können Sie diese Trainingseinheit auch wie folgt absolvieren: Fahren Sie jeweils eine Minute lang mit 75% Ihrer MHF und dann zwei Minuten lang mit 60% Ihrer MHF.

ÜBERSICHT	Anfänger	Fortg. 1	Fortg. 2
■ Aufwärmen: Peilen Sie 75% Ihrer MHF an.	10 Min.	10 Min.	10 Min.
■ In der Führung abwechseln; mit mehr als 75% der MHF fahren	1 Min.	1 Min.	1 Min.
■ Dem führenden Fahrer folgen	2 Min.	2 Min.	2 Min.
■ Wdh. Führung/Verfolgung	5 mal	10 mal	15 mal
■ Beenden Sie den Übungsteil mit 60–70% Ihrer MHF.	5 Min.	5 Min.	5 Min.
■ Seitliches Anheben *(S. 56)*	10 mal	15 mal	20 mal
■ Rumpfübungen *(S. 54–55)*	10 mal	15 mal	20 mal
■ Cool-down mit den Stretching-Übungen von *S. 52–53*			

TECHNIK: ÜBERHOLEN

Hintereinander fahren verlangt eine hohe Konzentration. Wenn Sie die Gruppe gerade nicht anführen, dürfen Sie den Anschluss nicht verlieren und gleichzeitig auch nicht zu nah an Ihren Vordermann heranfahren. Fahren Sie etwas seitlich hinter ihm, damit Sie bei einer Tempoverlangsamung einen Zusammenstoß leichter vermeiden können.

1 Drei Fahrer fahren hintereinander her: A führt die Gruppe an, B und C folgen. Fahrer A dreht seinen Ellbogen nach außen, um anzuzeigen, dass er bereit ist, überholt zu werden.

2 Sobald Fahrer A dies angezeigt hat, verlangsamt er das Tempo. Nachdem Fahrer B und C überprüft haben, ob die Straße frei ist, beginnen sie in sicherem Abstand mit dem Überholmanöver.

3 Fahrer B und C überholen Fahrer A und behalten währenddessen ein gleichmäßiges Tempo bei.

4 Nun führt Fahrer B die Gruppe vor A und C an, die jeweils einen sicheren Abstand halten.

Weitere hilfreiche Techniken: Trinken während der Fahrt S. 88–89, Sicherheitsabstand S. 93

SECHSTE WOCHE: VIERTER ÜBUNGSTEIL

MITTLERES BELASTUNGS-TRAINING

Wenn Sie längere Zeit auf diesem Belastungsniveau fahren, müssen Sie sich gut konzentrieren. Benutzen Sie die beschriebene Technik, um Hindernisse zu überwinden, die Ihr Tempo drosseln könnten.

Wärmen Sie sich auf, bis Sie 75% Ihrer MHF erreichen. Beschleunigen Sie dann auf einem hügeligen Streckenabschnitt und absolvieren Sie den Hauptteil der Trainingseinheit mit 75–80% Ihrer MHF. Passen Sie Ihre Übersetzung den Steigungen und Abfahrten an, um im vorgegebenen Herzfrequenzbereich zu bleiben. Überschreiten Sie 80% Ihrer MHF, fahren Sie bergab im Leerlauf, bis Ihre Herzfrequenz wieder gesunken ist. Beenden Sie den Übungsteil mit 60–70% Ihrer MHF. Bei dieser langen Trainingseinheit verbrauchen Sie viel Energie, deshalb sollten Sie regelmäßig essen und trinken. Halten Sie dabei nicht an *(s. S. 88–89)*.

Kräftig treten
Bleiben Sie im vorgegebenen Herzfrequenzbereich, um von der Trainingseinheit maximal zu profitieren.

INFORMATION

Länge	**Anf.** 50 Min. **F. 1** 1 Std. 10 Min. **F. 2** 1 Std. 30 Min.
Art	konstantes Tempo
Terrain	hügelig
Intensität	●●● ●●● ●●○

INDOOR-TRAINING

Aufwärmen, bis Sie 70–75% der MHF erreichen. Den Widerstand des Hometrainers benutzen oder so schalten, dass Ihre Herzfrequenz sich bei 75–80% der MHF einpendelt. Anfänger fahren 20 Min., Fortgeschrittene 1 30 Min. und Fortgeschrittene 2 40 Min. lang. Übungsteil beenden, indem Sie 10 Min. lang mit 60–70% der MHF fahren.

ÜBERSICHT	Anfänger	Fortg. 1	Fortg. 2
■ Aufwärmen: Peilen Sie 75% Ihrer MHF an.	10 Min.	10 Min.	10 Min.
■ Fahren Sie eine hügelige Strecke, erholen Sie sich bei den Abfahrten.	30 Min.	45 Min.	60 Min.
■ Beenden Sie den Übungsteil mit 60–70% Ihrer MHF.	10 Min.	15 Min.	20 Min.
■ Rumpfübungen *(S. 54–55)*	10 mal	15 mal	20 mal
■ Cool-down mit den Stretching-Übungen von *S. 52–53*			

TECHNIK: HINDERNISSE ÜBERWINDEN

Ähnlich wie beim Überwinden stufenförmiger Abhänge müssen Sie auch hier das Gewicht verlagern, um eine gute Kraftübertragung zu erzielen und die Balance halten zu können. Benutzen Sie diese Technik nur für kleinere Hindernisse. Fahren Sie nie über ein Hindernis, wenn Sie nicht sehen können, was sich auf der anderen Seite befindet.

1 Vor dem Hindernis abbremsen, aus dem Sattel gehen und über den Lenker beugen. Direkt vor dem Hindernis ziehen Sie den Lenker fest nach oben und lehnen Ihren Körper nach hinten. So können Sie das Vorderrad über das Hindernis heben.

2 Sobald das Vorderrad hinter dem Hindernis wieder auf dem Boden aufkommt, verlagern Sie Ihr Gewicht nach vorn. Setzen Sie nun das Hinterrad ebenfalls über das Hindernis.

Weitere hilfreiche Techniken: Abhänge überwinden *S. 101*, Unebenes Terrain überwinden *S. 106–107*

ÜBERSICHT: SIEBTE WOCHE

Für die letzte Woche des Programms habe ich verschiedene Trainingstechniken aus den vorherigen Übungsteilen kombiniert. Wie immer absolvieren Sie ein aerobes Training, das gleichzeitig Ihre Muskeln kräftigt und definiert. Diese Woche wird zwar anstrengend, aber dafür auch abwechslungsreich. Es wird Ihnen Spaß machen, die bisher erlernten Techniken anzuwenden.

Abschluss des Programms

Um auf einem guten Fitnesslevel zu bleiben, müssen Sie Ihren Körper immer wieder auf verschiedene Art fordern. Wenn Sie immer die gleiche Strecke im gleichen Tempo fahren, werden Sie davon bald nicht mehr profitieren. Rad fahren kann sehr abwechslungsreich sein. Egal, ob Sie auf verschiedenen Terrains oder mit unterschiedlicher Geschwindigkeit fahren, schalten, Kurven fahren oder Berge bezwingen – all dies trainiert Ihren Körper auf unterschiedliche Weise.

Bei »Ansteigende Intervalle« und der »Zusammenfassung« stimulieren kurze Beschleunigungsphasen Ihre schnellen Muskelfasern, während längere Abschnitte auf einem hohen Belastungsgrad Ihre aerobe Leistungsfähigkeit verbessern. Beim »Rennen gegen sich selbst« trainieren Sie vor allem Ihre Schnelligkeit.

Im letzten Übungsteil können Sie Ihre eigene Trainingseinheit auf Grundlage jener Übungsteile entwerfen, die Ihnen am meisten Spaß gemacht haben. Das Programm soll Ihre Fitness verbessern und Sie mit wichtigen technischen Fertigkeiten ausstatten, damit Sie in Zukunft selbstbestimmt trainieren können.

Wenn Sie das Programm als Anfänger absolviert haben, können Sie es auf einem höheren Level wiederholen oder sich eine neue Herausforderung suchen *(s. S. 132–143)*.

Über das Programm hinaus
Stellen Sie sich auch weiterhin neuen Herausforderungen, indem Sie regelmäßig Rad fahren und Ihre verbesserte Fitness nutzen.

DIE SIEBTE WOCHE AUF EINEN BLICK

Mo
- Aktives Erholungstraining; leichte körperliche Aktivität

Di 1. Übungsteil: Ansteigende Intervalle
- Intervalltraining
- Zunächst Ausdauertraining, dann immer längere Intervalle mit Beschleunigungsphasen
- Die kürzeren Intervalle trainieren Ihre Muskeln, während längere Intervalle Herz und Lungen stärken.

Mi
- Aktives Erholungstraining wie am Montag

Do 2. Übungsteil: Zusammenfassung
- Konstante Geschwindigkeit
- Dieses abwechslungsreiche Training beinhaltet verschiedene Techniken für Kurven und Berge.
- Training auf verschiedenen Stufen: Ausdauer, mittlere und hohe Belastung
- Aerobes Widerstandstraining

Fr
- Aktives Erholungstraining wie am Montag

Sa 3. Übungsteil: Rennen gegen sich selbst
- Intervalltraining
- Primär aerobes Training mit einem intensiven Sprint, der ein Widerstandstraining bietet
- Zusätzlich Training auf niedrigem Level

So 4. Übungsteil: Entdecken Sie die Möglichkeiten
- Konstante Geschwindigkeit
- Gestalten Sie Ihre Trainingseinheit selbst.

SIEBTE WOCHE: ERSTER ÜBUNGSTEIL

ANSTEIGENDE INTERVALLE

Dieser Übungsteil besteht aus zwei Arten von Sprints. Der erste stimuliert Ihre schnellen Muskelfasern, während die folgenden längeren Sprints Ihre aerobe Fitness trainieren. Es ist wichtig, dass Sie sich beim ersten Sprint besonders anstrengen.

Aufwärmen, bis Sie 75% der MHF erreichen. Dann 30 Sekunden lang so schnell fahren, wie Sie können. Erholen. Eine Minute lang beschleunigen, dabei 85% der MHF nicht überschreiten. Eine Minute lang erholen. Beim nächsten Intervall zwei Minuten nah an der Belastungsgrenze (80–85% Ihrer MHF) fahren und danach zwei Minuten lang erholen. Anfänger beenden die Trainingseinheit an dieser Stelle mit 60–70% der MHF. Fortgeschrittene 1 und 2 wiederholen die Tempowechsel so oft wie angegeben und fahren zum Abschluss mit 60–70% ihrer MHF.

ÜBERSICHT	Anfänger	Fortg. 1	Fortg. 2
■ Aufwärmen: 75% der MHF anpeilen und beibehalten	10 Min.	15 Min.	20 Min.
■ Fahren Sie so schnell Sie können.	30 Sek.	30 Sek.	30 Sek.
■ Zur Erholung langsamer fahren	30 Sek.	30 Sek.	30 Sek.
■ Schnell fahren, aber 85% der MHF nicht überschreiten	1 Min.	1 Min.	1 Min.
■ Zur Erholung langsamer fahren	1 Min.	1 Min.	1 Min.
■ Fahren Sie mit 80–85% Ihrer MHF.	2 Min.	2 Min.	2 Min.
■ Zur Erholung langsamer fahren	2 Min.	2 Min.	2 Min.
■ Wdh. Belastung/Erholung		3/3 Min.	3/3 Min.
■ Wdh. Belastung/Erholung			4/4 Min.
■ Abschluss: Fahren Sie mit 60–70% Ihrer MHF.	13 Min.	17 Min.	20 Min.
■ Rumpfübungen *(S. 54–55)*	10 mal	15 mal	20 mal
■ Cool-down mit den Stretching-Übungen von *S. 52–53*			

INFORMATION		
Länge	**Anf.**	30 Min.
	F. 1	45 Min.
	F. 2	1 Std. 1 Min.
Art	Intervalltraining	
Terrain	bergig	
Intensität	●●● ●●● ●●●	

TECHNIK: LANGER SPRINT

Wenn Sie über einen längeren Zeitraum sprinten, gehen Sie anfangs aus dem Sattel, um so kraftvoll wie möglich treten zu können. Dann setzen Sie sich wieder und versuchen, das Tempo durch schnelles Treten zu halten.

1 Aus dem Sattel gehen. Mit einem Bein kräftig treten, das zweite Pedal mit dem anderen Bein nach oben ziehen. Wiederholen, bis das richtige Tempo erreicht ist. Lenker mit beiden Händen leicht nach hinten ziehen.

2 Sobald Sie eine hohe Geschwindigkeit erreicht haben, setzen Sie sich kontrolliert zurück auf den Sattel. Treten Sie kräftig und setzen Sie Ihre Schultern ein, indem Sie abwechselnd links und rechts am Lenker ziehen.

Weitere hilfreiche Techniken: Sprintposition S. 91, Bergsprint S. 99

SIEBTE WOCHE: ZWEITER ÜBUNGSTEIL

ZUSAMMENFASSUNG

Versuchen Sie, die bisher erlernten Techniken richtig anzuwenden. Suchen Sie sich eine im Kreis verlaufende Strecke, die Sie in fünf Minuten bewältigen können, wenn Sie schnell treten. Die Strecke sollte zwei rechtwinklige Kurven sowie einen Berg aufweisen.

INFORMATION	
Länge	Anf. 30 Min. F. 1 45 Min. F. 2 1 Std.
Art	konstantes Tempo
Terrain	hügelig
Intensität	●●● ●●● ●●○

TECHNIK: KURVEN

Wählen Sie eine möglichst gerade Linie, um am besten und schnellsten eine Kurve zu durchfahren. Beginnen Sie außen, schneiden Sie den Scheitelpunkt und kommen Sie außen wieder heraus. Achten Sie dabei auf schwierige Bodenbedingungen. Meiden Sie losen Untergrund und nutzen Sie die Außenkanten von Fahrrinnen.

Legen Sie sich in die Kurve
Ihr inneres Knie zeigt in die Kurve, das Innenpedal ist oben und Sie verlagern das Gewicht auf Ihr äußeres Bein.

Ideallinie
Wenn nötig, bremsen Sie ab und suchen sich die Ideallinie durch die Kurve. Steuern Sie dazu den Scheitelpunkt an.

DER ÜBUNGSTEIL

Sobald Sie sich aufgewärmt haben, fahren Sie so viele Runden wie angegeben. Versuchen Sie, Ihre Zeit Runde um Runde zu verbessern, jedoch keinesfalls 85% Ihrer MHF zu überschreiten. Achten Sie auf eine gute Kurventechnik und beschleunigen Sie aus den Kurven heraus *(s. unten)*. Überqueren Sie auch Berge mit relativ hoher Geschwindigkeit. Zum Abschluss fahren Sie mit 60–70% Ihrer MHF.

ÜBERSICHT	Anfänger	Fortg. 1	Fortg. 2
■ Aufwärmen: 75% der MHF anpeilen und beibehalten	10 Min.	15 Min.	20 Min.
■ Fahren Sie schnelle Runden.	10 Min.	15 Min.	20 Min.
■ Abschluss: Fahren Sie mit 60–70% Ihrer MHF.	10 Min.	15 Min.	20 Min.
■ Rumpfübungen *(S. 54–55)*	10 mal	15 mal	20 mal
■ Cool-down mit den Stretching-Übungen von *S. 52–53*			

Beschleunigen
Sobald sich das Rad nach der Kurve in aufrechter Position befindet, sollten Sie beschleunigen, um das Tempo wieder aufzunehmen.

SIEBTE WOCHE: DRITTER ÜBUNGSTEIL

RENNEN GEGEN SICH SELBST

Ein Wettkampf ist immer eine gute Motivation. Heute trainieren Sie auf einer flachen Strecke, stellen eine Zeit auf, und versuchen diese anschließend zu verbessern.

INFORMATION

Länge	Anf. 38 Min. F. 1 43 Min. F. 2 46 Min.
Art	Intervalltraining
Terrain	eben
Intensität	●●● ●●● ●●○

Aufwärmen, bis Sie 75% der MHF erreichen. Suchen Sie sich eine flache Strecke und achten Sie auf die Windrichtung. Zunächst soll der Wind von hinten kommen. Fahren Sie schnell, überschreiten Sie aber keinesfalls 80% Ihrer MHF. Stoppen Sie Ihre Zeit nach 1,5 km. Zehn Minuten lang mit 60–70% der MHF erholen. Zur Ziellinie zurückfahren. Fahren Sie dieselbe Strecke in umgekehrter Richtung – diesmal bei Gegenwind. Stoppen Sie erneut die Zeit. Übungsteil mit 60–70% Ihrer MHF beenden.

ÜBERSICHT	Anfänger	Fortg. 1	Fortg. 2
■ Aufwärmen: 75% der MHF anpeilen und beibehalten	10 Min.	15 Min.	20 Min.
■ Mit Rückenwind fahren, 80% der MHF nicht überschreiten	1,6 km	1,6 km	1,6 km
■ Mit 60–70% Ihrer MHF fahren	10 Min.	10 Min.	10 Min.
■ Fahren Sie schnell bei Gegenwind.	1,6 km	1,6 km	1,6 km
■ Abschluss: Fahren Sie mit 60–70% Ihrer MHF.	10 Min.	10 Min.	10 Min.
■ Schulterpressen (S. 57)	10 mal	15 mal	20 mal
■ Rumpfübungen *(S. 54–55)*	10 mal	15 mal	20 mal
■ Cool-down mit den Stretching-Übungen von *S. 52–53*			

Wenden
Schauen Sie sich um, bevor Sie abbremsen und noch einmal, bevor Sie wenden. Das innere Knie zeigt in die Kurve und das Innenpedal befindet sich oben.

TIPP

Während der 10-minütigen Erholungsphase sollten Sie in einem niedrigen Gang schnell treten. Bleiben Sie im vorgegebenen Herzfrequenzbereich. Steigen Sie nach der Hälfte der Erholungsphase ab und dehnen Sie Ihre Kniebeuger *(S. 52)*. So können Sie auch beim zweiten Rennen eine aerodynamische Position einnehmen.

TECHNIK: FAHREN BEI WIND

Hier lernen Sie, Rückenwind zum Beschleunigen zu nutzen. Außerdem zeige ich Ihnen eine möglichst aerodynamische Position auf dem Rad, damit Sie auch bei Gegenwind nur wenig Geschwindigkeit einbüßen.

1 Um Rückenwind voll auszunutzen, legen Sie die Hände oben auf den Lenker und halten die Arme relativ gestreckt. Sitzen Sie aufrecht und lassen Sie Ihren Körper vom Wind wie ein Segel antreiben.

2 Um auch bei Gegenwind schnell fahren zu können, müssen Sie dem Wind eine möglichst kleine Angriffsfläche bieten. Beugen Sie Ihren Körper über den Lenker, sodass Ihr Brustkorb parallel zum Boden ist. Halten Sie die Ellbogen eng am Körper, während die Knie beim Treten nach vorn zeigen.

Weitere hilfreiche Techniken: Sprintposition S. 91, Kurven S. 126–127

SIEBTE WOCHE: VIERTER ÜBUNGSTEIL

ALLE MÖGLICHKEITEN

Der heutige Übungsteil erklärt sich von selbst. Machen Sie sich klar, wie viel Sie bisher erreicht haben. Wenn Sie das Programm als Anfänger oder Fortgeschrittener 1 absolviert haben, können Sie es nun auf einem höheren Level wiederholen.

INFORMATION	
Länge	**Anf.** 1 Std. 20 Min. **F. 1** 2 Std. 20 Min. **F. 2** 2 Std. 20 Min.
Art	Intervalltraining
Terrain	eben
Intensität	●●● ●●● ●●○

Wählen Sie den Streckenverlauf und das Tempo nach Ihren persönlichen Vorlieben aus oder absolvieren Sie die Trainingseinheit gemeinsam mit Freunden. Wenn Sie Beschleunigungsphasen einbauen wollen, sollten Sie dabei 80% Ihrer MHF nicht überschreiten. Aber am wichtigsten ist, dass Sie mit Spaß trainieren.

Nach diesem Übungsteil legen Sie einen Ruhetag ein und absolvieren das Erholungstraining *(s. S. 96–97)* und den Fitnesstest *(s. S. 62–63)*. Nach einem weiteren Ruhetag überprüfen Sie Ihre Fortschritte mit dem Fitnesstest von *S. 58–59*. Ihr Fitnessgrad hat sich bestimmt verbessert. Nun können Sie entweder das Programm wiederholen oder sich eine neue Herausforderung suchen.

ÜBERSICHT	Anfänger	Fortg. 1	Fortg. 2
■ Aufwärmen: Peilen Sie 75% Ihrer MHF an.	10 Min.	10 Min.	10 Min.
■ Fahren Sie ein angenehmes Tempo unter 80% Ihrer MHF.	1 Std. 20 Min.	1 Std. 45 Min.	2 Std.
■ Rumpfübungen *(S. 54–55)*	10 mal	15 mal	20 mal
■ Cool-down mit den Stretching-Übungen von *S. 52–53*			

INDOOR-TRAINING

Wählen Sie den Übungsteil aus, der Ihnen am meisten Spaß gemacht hat und absolvieren Sie ihn mit leichten Abwandlungen. Fahren Sie länger oder auf einem höheren Level.

Legen Sie richtig los
Viel Spaß beim Rad fahren – Sie sind jetzt besser in Form als vor sieben Wochen.

Weitere hilfreiche Techniken: Kräfte sparen am Berg *S. 83*, Locker fahren *S. 96–97*

Rollen lassen
Sie haben Ihre Ziele erreicht und die Straße gehört Ihnen. Bleiben Sie fit, haben Sie Spaß und entdecken Sie neue Möglichkeiten.

LAKE
LAKE

HERAUSFORDERUNGEN

Sie haben während des Programms hart trainiert und können nun auf Ihrem bisherigen Fortschritt aufbauen. Durch Ihre verbesserte Fitness und die erlernten technischen Fähigkeiten eröffnen sich Ihnen eine Reihe neuer Möglichkeiten. Sie können z.B. eine mehrtägige Radtour unternehmen oder an einem Großereignis wie einem Wohltätigkeitsrennen oder einem regulären Radrennen teilnehmen. Das Wichtigste ist, sich immer neu zu fordern und sich so den Spaß am Rad fahren zu erhalten. Ich stelle Ihnen fünf Trainingsprogramme vor, die Sie auf verschiedene Herausforderungen vorbereiten, und hoffe, dass Sie dadurch auch in Zukunft weiter Rad fahren.

STRASSENRADTOUR

Dieses fünfwöchige Programm bereitet Sie auf die körperlichen Herausforderungen vor, die während einer längeren Straßenradtour auf Sie zukommen. Es ist für jeden Fitnessgrad geeignet und kann von allen, die das siebenwöchige Programm beendet haben, absolviert werden. Wählen Sie auch hier jene Leistungsstufe, in der Sie während des siebenwöchigen Programms trainiert haben. Egal, ob Sie in vertrauter Umgebung fahren oder eine neue Landschaft entdecken wollen – eine Radtour ist ein wunderbares Erlebnis. Sie nehmen die Umwelt viel direkter wahr als beim Autofahren und legen wesentlich längere Strecken als bei Wanderungen zurück. Zusätzlich verbessern Sie Ihre Fitness, da Sie mehrere Tage lang ein Ausdauertraining absolvieren.

Wahl der richtigen Tour

Für Radtouren auf der Straße gibt es zwei Möglichkeiten, die beide Ihre Vorteile haben. Fahren Sie allein, können Sie Ihre Route selbst planen und genau an Ihre Bedürfnisse anpassen. Sollten Sie nachts campen, brauchen Sie ein Zelt, Kochzubehör und Kleidung zum Wechseln. Weniger Gepäck benötigen Sie, wenn Sie in Hotels übernachten.

Die zweite Möglichkeit ist die Teilnahme an einer organisierten Radtour. In diesem Fall bucht die Reiseleitung Ihre Übernachtungen und sorgt für den Transport Ihres Gepäcks. Im Allgemeinen sind organisierte Touren weniger anstrengend, da Rücksicht auf die unterschiedlichen Bedürfnisse der Teilnehmer genommen wird. Organisierte Touren werden meist von erfahrenen Guides geführt, die vor allem im Ausland sehr hilfreich sein können. Wenn Sie noch nie eine längere Radtour unternommen haben und das Programm als Anfänger oder Fortgeschrittener 1 absolviert haben, sollten Sie sich für eine organisierte Tour entscheiden – für die erste Radtour Ihres Lebens ist dies die beste Lösung.

Training für Straßenradtouren

Um mehrere Tage hintereinander Rad zu fahren, brauchen Sie eine gute Kondition. Ziel dieses Programms ist somit eine Verbesserung Ihrer Ausdauerleistung. Einige Übungsteile beinhalten zudem ein Widerstandstraining, damit Ihre Muskeln gestärkt werden und Sie auch Berge relativ mühelos überwinden können. Ich habe anfangs zwei und später drei Trainingstage in Folge angesetzt, sodass Sie sich langsam daran gewöhnen, wie bei einer Radtour jeden Tag im Sattel zu sitzen.

Woche 1–5	Montag	Dienstag
1	Aktive Erholung: 20–30 Min. leichtes Training	Verbesserung der Ausdauer *(S. 66–67)*, verlängern Sie jedoch den Teil mit 70–75% Ihrer MHF um 50% und verkürzen Sie den letzten Teil mit 60–70% Ihrer MHF um 50%.
2	Aktive Erholung: 20–30 Min. leichtes Training	Leichte Berge *(S. 76–77)*, verlängern Sie jedoch den Teil mit 75–80% Ihrer MHF um 50% und verkürzen Sie die restlichen Teile um jeweils 10 Min.
3	Aktive Erholung: 20–30 Min. leichtes Training	Belastungstraining *(S. 88–89)*, verlängern Sie jedoch den Teil mit 75–80% Ihrer MHF um 25%
4	Aktive Erholung: 20–30 Min. leichtes Training	Tempowechsel *(S. 106–107)*
5	Aktive Erholung: 20–30 Min. leichtes Training	Verbesserung der Ausdauer (S. 66–67), angepasst wie am Dienstag in Woche 1
6	Aktive Erholung: 20–30 Min. leichtes Training	Verbesserung der Ausdauer *(S. 66–67)*

Mittwoch	Donnerstag	Freitag	Samstag	Sonntag
Aktive Erholung: 20–30 Min. leichtes Training	Schneller Sprint (*S. 68–69*), verlängern Sie jedoch den Teil mit 60–75% Ihrer MHF um 50%	Aktive Erholung: 20–30 Min. leichtes Training	Lockeres Fahren (*S. 80–81*), verlängern Sie jedoch den gesamten Übungsteil um 25%	Lange gemütliche Fahrt (*S. 72–73*), verlängern Sie jedoch den gesamten Übungsteil um 25%
Aktive Erholung: 20–30 Min. leichtes Training	Leichte Berge (*S. 76–77*), verlängern Sie jedoch den Teil mit 75–80% Ihrer MHF um 25% und verkürzen Sie die restlichen Teile jeweils auf 10 Min.	Aktive Erholung: 20–30 Min. leichtes Training	Kraftvoller Antritt (*S. 70–71*), verlängern Sie jedoch jeden Antritt um 20 Sekunden	Lange Fahrt (*S. 82–83*), verlängern Sie jedoch den Teil mit 70–75% Ihrer MHF um 50%
Lockeres Fahren (*S. 80–81*), angepasst wie am Samstag in Woche 1	Aktive Erholung: 20–30 Min. leichtes Training	Aktive Erholung: 20–30 Min. leichtes Training	Sprints (*S. 90–91*)	Lange Fahrt (*S. 82–83*), fahren Sie jedoch länger als bisher
Belastungstraining (*S. 88–89*), angepasst wie am Dienstag in Woche 3	Aktive Erholung: 20–30 Min. leichtes Training	Verbesserung der Ausdauer (*S. 66–67*), angepasst wie am Dienstag in Woche 1	(*S. 80–81*), angepasst wie am Samstag in Woche 1	Belastungsintervalltraining (*S. 110–111*)
Leichte Berge (*S. 76–77*), angepasst wie am Donnerstag in Woche 2	Aktive Erholung: 20–30 Min. leichtes Training	Aktive Erholung: 20–30 Min. leichtes Training	Verbesserung der Ausdauer (*S. 66–67*), angepasst wie am Dienstag in Woche 1	Lange Fahrt (*S. 82–83*), angepasst wie am Sonntag in Woche 2
Aktive Erholung: 20–30 Min. leichtes Training	Sprints (*S. 90–91*)	Aktive Erholung: 20–30 Min. leichtes Training	Lange Fahrt (*S. 82–83*), reduzieren Sie die Dauer der Einheit jedoch um 25%	Lockeres Fahren (*S. 80–81*)

RADTOUR IM GELÄNDE

Eine Radtour im Gelände ist meist anspruchsvoller als auf der Straße. Sie sollten über eine gute Geländetechnik verfügen und brauchen auf den schwierigeren Terrains mehr Kraft. Eine solche Tour bringt aber auch einiges an Spannung mit sich: Sie müssen Ihre technischen Fähigkeiten unter Beweis stellen und Geschick bei der Planung, um das Ziel, das Sie sich gesteckt haben, zu erreichen. Dieses Trainingsprogramm ist für jeden geeignet, der das siebenwöchige Programm beendet hat.

Wahl der richtigen Tour

Richten Sie sich bei der Wahl der Tour nach dem Leistungsgrad, auf dem Sie das siebenwöchige Programm absolviert haben. Wenn Sie als Anfänger oder Fortgeschrittener 1 trainiert haben, sollten Sie sich für eine organisierte Tour anmelden. Geführte Touren gibt es für jeden Fitnessgrad, deshalb sollten Sie sich vorher erkundigen, wie anspruchsvoll die Fahrten werden. Sie können sich auch eine Unterkunft in einer für Sie interessanten Gegend suchen und von dort aus Tagesfahrten unternehmen, die Ihrem Fitnessgrad entsprechen. Fortgeschrittene Fahrer können natürlich Ihre eigene Route planen, bei der Sie Ihre Ausrüstung selbst transportieren und nachts campen.

Training für Radtouren im Gelände

Für welche Art von Radtour Sie sich auch entscheiden, Sie brauchen auf jeden Fall eine gute Ausdauer, um mehrere Tage in Folge fahren zu können. Dieses fünfwöchige Programm verbessert einerseits Ihre Fitness und trainiert andererseits Ihre Muskulatur, damit auch Berge für Sie kein Problem darstellen. Außerdem bekommt Ihre Geländetechnik den letzten Schliff.

Versuchen Sie, einen Großteil der Trainingseinheiten im Gelände zu absolvieren. Haben Sie sich dafür entschieden, Ihre Ausrüstung während der geplanten Tour selbst zu transportieren, sollten Sie bei mindestens zwei oder drei Übungsteilen in der dritten und vierten Woche mit dieser Ausrüstung trainieren – selbst, wenn es sich dabei nur um einen Rucksack mit Essen und Ersatzteilen handelt. Somit gewöhnen Sie sich daran, wie sich Ihr Rad mit dem zusätzlichen Gewicht verhält. Absolvieren Sie dieses Trainingsprogramm auf dem gleichen Fitnesslevel wie das siebenwöchige Programm.

Woche 1–5	Montag	Dienstag
1	Aktive Erholung: 20–30 Min. leichtes Training	Verbesserung der Ausdauer *(S. 66–67)*, verlängern Sie den Teil mit 70–75% der MHF und den letzten Teil mit 60–70% Ihrer MHF um 50%
2	Aktive Erholung: 20–30 Min. leichtes Training	Aus der Kurve beschleunigen *(S. 78–79)*, fahren Sie zum Schluss jedoch noch 5–10 Minuten mit 60–75% Ihrer MHF
3	Aktive Erholung: 20–30 Min. leichtes Training	Verbesserung der Ausdauer *(S. 66–67)*, angepasst wie am Dienstag in Woche 1, verlängern Sie den Teil mit 70–75% der MHF um weitere 25%
4	Aktive Erholung: 20–30 Min. leichtes Training	Muskelintervalltraining *(S. 116–117)*
5	Aktive Erholung: 20–30 Min. leichtes Training	Verbesserung der Ausdauer *(S. 66–67)*, angepasst wie am Dienstag in Woche 3
6	Aktive Erholung: 20–30 Min. leichtes Training	Zusammenfassung *(S. 126–127)*, reduzieren Sie jedoch den Teil mit den schnellen Runden um 25%

Mittwoch	Donnerstag	Freitag	Samstag	Sonntag
Aktive Erholung: 20–30 Min. leichtes Training	Verbesserung der Ausdauer *(S. 66–67)*, angepasst wie am Dienstag, verlängern Sie den Teil mit 70–75% Ihrer MHF um weitere 25%	Aktive Erholung: 20–30 Min. leichtes Training	Kraftvoller Antritt *(S. 70–71)*	Abenteuertour *(S. 100–101)*, suchen Sie sich ein besonders anspruchs-volles Terrain
Aktive Erholung: 20–30 Min. leichtes Training	Leichte Berge *(S. 76–77)*, verlängern Sie jedoch den Teil mit 75–80% Ihrer MHF um 25%, fahren Sie 10 Min. lang mit 60–70% Ihrer MHF	Aktive Erholung: 20–30 Min. leichtes Training	Kraftvoller Antritt *(S. 70–71)*	Gruppenfahrt *(S. 92–93)*, fahren Sie jedoch länger als bisher
Schnell und langsam *(S. 86–87)*	Aktive Erholung: 20–30 Min. leichtes Training	Aktive Erholung: 20–30 Min. leichtes Training	Bergsprints *(S. 98–99)*	Abenteuertour *(S. 100–101)*, machen Sie Ihre bisher längste Tour
Berg-Intervalltraining *(S. 114–115)*	Aktive Erholung: 20–30 Min. leichtes Training	Tempowechsel *(S. 106–107)*	Sprints *(S. 90–91)*	Belastungs-intervalltraining *(S. 110–111)*
Leichte Berge *(S. 76–77)*, angepasst wie am Donnerstag in Woche 2	Aktive Erholung: 20–30 Min. leichtes Training	Aktive Erholung: 20–30 Min. leichtes Training	Verbesserung der Ausdauer *(S. 66–67)*, angepasst wie am Dienstag in Woche 1	Abenteuertour *(S. 100–101)*, angepasst wie am Sonntag in Woche 1
Aktive Erholung: 20–30 Min. leichtes Training	Bergsprints *(S. 98–99)*, Anfänger 1x, Fortgeschrittene 1 2x, Fortgeschrittene 2 3x	Aktive Erholung: 20–30 Min. leichtes Training	Abenteuertour *(S. 100–101)*	Lockeres Fahren *(S. 80–81)*

LÄNGERE DISTANZEN

Dieses fünfwöchige Programm bereitet Sie auf Distanzen von 65–80 km vor, die Sie z.B. bei einem Wohltätigkeits- oder regulären Straßenrennen zurücklegen. Bei solchen Veranstaltungen erleben Sie eine Gruppendynamik, werden vom Publikum angefeuert und bekommen meist genügend Verpflegung. Dieses Programm ist für alle Fitnessgrade geeignet. Wenn Sie bisher als Anfänger oder Fortgeschrittener 1 trainiert haben, bereitet Sie dieses Programm auf eine Distanz von 65–80 km vor, als Fortgeschrittener 2 können Sie sich an noch längere Distanzen wie 100 oder 150 km heranwagen. Absolvieren Sie das Programm auf der gleichen Fitnessstufe wie das siebenwöchige.

Wohltätigkeitsrennen

Wenden Sie sich an örtliche Fahrradgeschäfte, Radsportclubs und Fitnesscenter oder suchen Sie im Internet nach Informationen über lokale und nationale Wohlfahrtsrennen. Nach dem Beispiel des von Lance Armstrong in Austin/Texas organisierten »Ride for the Roses«, dessen Einnahmen der Krebsforschung zugute kommen, finden mittlerweile auch in Europa zahlreiche Charity-Radrennen statt.

Training für längere Distanzen

Selbstverständlich geht es bei diesem Trainingsprogramm hauptsächlich um die Verbesserung Ihrer Ausdauer, damit Sie über längere Zeit eine konstante Geschwindigkeit fahren können. Deshalb trainieren Sie hauptsächlich mit 70–75% Ihrer MHF. Außerdem müssen Sie sich daran gewöhnen, lange im Sattel zu sitzen. Vor einem Rennen müssen Sie mindestens eine lange Strecke gefahren sein, damit sich Ihre Muskeln nicht zu sehr verkrampfen. Die langen Trainingseinheiten an den Sonntagen sind deshalb die wichtigsten Teile dieses Programms. Zudem warten einige Übungseinheiten mit höheren Herzfrequenzen, damit Sie auch mit Bergen oder Gegenwind gut zurechtkommen.

Bei Wohltätigkeitsrennen fahren Sie in einer großen Gruppe. Deshalb üben Sie bei der Gruppenfahrt am Sonntag in der zweiten Woche das Hintereinander fahren und die Führungswechsel. Herrscht Gegenwind, verbrauchen Sie ein Drittel weniger Energie, wenn Sie den Windschatten eines anderen Fahrers ausnutzen.

Woche 1–5	Montag	Dienstag
1	Aktive Erholung: 20–30 Min. leichtes Training	Verbesserung der Ausdauer *(S. 66–67)*, verlängern Sie den Teil mit 70–75% der MHF um 50% und verkürzen Sie den Teil mit 60–70% der MHF um 50%
2	Aktive Erholung: 20–30 Min. leichtes Training	Leichte Berge *(S. 76–77)*, verlängern Sie jedoch den Teil mit 75–80% Ihrer MHF um 50% und verkürzen Sie die anderen Teile um jeweils 10 Min.
3	Aktive Erholung: 20–30 Min. leichtes Training	Belastungstraining *(S. 88–89)*, verlängern Sie jedoch den Teil mit 75–80% Ihrer MHF um 25%
4	Aktive Erholung: 20–30 Min. leichtes Training	Berg-Intervalltraining *(S. 114–115)*
5	Aktive Erholung: 20–30 Min. leichtes Training	Belastungsintervalltraining im Flachen *(S. 104–105)*, machen Sie jedoch nur ein Intervall mit 80–85% Ihrer MHF

Mittwoch	Donnerstag	Freitag	Samstag	Sonntag
Aktive Erholung: 20–30 Min. leichtes Training	Leichte Berge (S. *76–77*)	Aktive Erholung: 20–30 Min. leichtes Training	Kraftvoller Antritt (S. *70–71*)	Lange Fahrt (S. *82–83*), verlängern Sie die Fahrt jedoch um mindestens 10%
Aktive Erholung: 20–30 Min. leichtes Training	Aus der Kurve beschleunigen (S. *78–79*)	Aktive Erholung: 20–30 Min. leichtes Training	Sprints (S. *90–91*)	Gruppenfahrt (S. *92–93*) verlängern Sie die Fahrt jedoch um mindestens 10%
Aktive Erholung: 20–30 Min. leichtes Training	Schnell und langsam (S. *86–87*)	Aktive Erholung: 20–30 Min. leichtes Training	Bergsprints (S. *98–99*)	Lange Fahrt (S. *82–83*), fahren Sie 75% der geplanten Renndistanz
Aktive Erholung: 20–30 Min. leichtes Training	Belastungstraining (S. *88–89*), verlängern Sie jedoch den Teil mit 75–80% Ihrer MHF um 50%	Aktive Erholung: 20–30 Min. leichtes Training	Sprints (S. *90–91*)	Lange Fahrt (S. *82–83*), fahren Sie so lang wie am Sonntag in Woche 1
Aktive Erholung: 20–30 Min. leichtes Training	Tempowechsel (S. *106–107*), reduzieren Sie jedoch die Anzahl der Beschleunigungsphasen auf 80% Ihrer MHF um 50%	Aktive Erholung: 20–30 Min. leichtes Training	Sprints (S. *90–91*)	Rennen

ZEITFAHREN

Zeitfahrten werden von verschiedenen Radsportclubs organisiert und sind eine gute Möglichkeit zur Vorbereitung auf ein Straßenrennen. Die Teilnehmer starten dabei einzeln im Abstand von einer Minute und fahren gegen die Uhr. Derjenige, der die Strecke in der kürzesten Zeit absolviert, gewinnt. Zeitfahrstrecken können unterschiedlich lang sein. Dieses Programm bereitet Sie auf eine Distanz von 16 km vor. Es ist für alle Leistungsstufen geeignet. Sie sollten es auf derselben Stufe absolvieren, auf der Sie das 7-Wochen-Programm durchlaufen haben. Wenn Sie sich die Teilnahme an einem offiziellen Zeitfahren noch nicht zutrauen, können Sie das Programm absolvieren, eine Zeitfahrstrecke suchen und die von Ihnen gefahrene Zeit mit offiziell gefahrenen Zeiten auf derselben Distanz vergleichen.

Egal, ob Sie an einem offiziellen Zeitfahren teilnehmen oder nur für sich fahren, die Bewältigung einer solch langen Strecke nahe an Ihrer Belastungsgrenze (80–85%) ist in jedem Fall eine herausragende Leistung.

So wählen Sie ein Zeitfahren aus

Für Informationen zu Wettkämpfen in Ihrer Umgebung wenden Sie sich am besten an ein örtliches Fahrradgeschäft oder Fitnesscenter. Auch im Internet finden Sie nützliche Informationen.

Fühlen Sie sich noch nicht bereit dazu, an einem offiziellen Zeitfahren teilzunehmen, können Sie eines für sich selbst organisieren. Wählen Sie eine vertraute Route und vermessen Sie die Strecke entweder mit dem Tachometer an Ihrem Rad oder mit dem Kilometerzähler Ihres Autos. Ideal ist eine Strecke, die im Kreis verläuft.

Zeitfahrtraining

Um Sie auf die hohe Intensität eines solchen Rennens vorzubereiten liegt der Fokus auf dem Training nah an der Belastungsgrenze. Darüber hinaus gibt es einige Übungsteile, die Ihre Fitness und Ausdauer verbessern.

Ein weiterer wichtiger Faktor für die Schnelligkeit, die Sie über die Distanz von 16 km an den Tag legen, ist die Kraft, die Sie auf die Pedale ausüben können. Je kräftiger Sie treten können, desto schneller erreichen Sie Ihre Belastungsgrenze. Trainingseinheiten wie »Ansteigende Intervalle«, »Stehende Starts« und »Sprints« werden Ihnen zu mehr Kraft und Tempo verhelfen. Wenn das Zeitfahren nicht an einem Sonntag stattfindet, passen Sie das Programm entsprechend an.

Woche 1–5	Montag	Dienstag
1	Aktive Erholung: 20–30 Min. leichtes Training	Schnell und langsam (*S. 86–87*), absolvieren Sie zwei Wechsel zwischen schnell und langsam mit 5 Min. Pause (60–70% der MHF) dazwischen
2	Aktive Erholung: 20–30 Min. leichtes Training	Belastungsintervalltraining im Flachen (*S. 104–105*), verkürzen Sie jedoch den Teil mit 60–70% Ihrer MHF um 50%
3	Aktive Erholung: 20–30 Min. leichtes Training	Belastungsintervalltraining im Flachen (*S. 104–105*), wie am Dienstag in Woche 2, machen Sie jedoch ein zusätzliches Intervall
4	Aktive Erholung: 20–30 Min. leichtes Training	Ansteigende Intervalle (*S. 124–125*)
5	Aktive Erholung: 20–30 Min. leichtes Training	Ansteigende Intervalle (*S. 124–125*), jedoch nur bis zum 2-Min.-Intervall mit 80–85% Ihrer MHF

Mittwoch	Donnerstag	Freitag	Samstag	Sonntag
Aktive Erholung: 20–30 Min. leichtes Training	Aus der Kurve beschleunigen *(S. 78–79)*	Aktive Erholung: 20–30 Min. leichtes Training	Kraftvoller Antritt *(S. 70–71)*	Belastungsintervalltraining *(S. 110–111)*, aber reduzieren Sie die Zeit, in der Sie mit 60-70% der MHF fahren, auf 3 Min.
Aktive Erholung: 20–30 Min. leichtes Training	Tempowechsel *(S. 106–107)*, absolvieren Sie jedoch zwei zusätzliche Beschleunigungsphasen mit 80% Ihrer MHF	Aktive Erholung: 20–30 Min. leichtes Training	Bergsprints *(S. 98–99)*	Lange Fahrt *(S. 82–83)*
Aktive Erholung: 20–30 Min. leichtes Training	Belastungsintervalltraining im Flachen *(S. 104–105)*, angepasst wie am Dienstag in Woche 2	Aktive Erholung: 20–30 Min. leichtes Training	Sprints *(S. 90–91)*	Belastungsintervalltraining *(S. 110–111)*, wie am Sonntag in Woche 1, fahren Sie jedoch bei jedem Intervall mit fast 80% Ihrer MHF
Aktive Erholung: 20–30 Min. leichtes Training	Ansteigende Intervalle *(S. 124–125)*	Aktive Erholung: 20–30 Min. leichtes Training	Stehende Starts *(S. 108–109)*	Lange Fahrt *(S. 82–83)*
Aktive Erholung: 20–30 Min. leichtes Training	Bergsprints *(S. 98–99)*	Aktive Erholung: 20–30 Min. leichtes Training	Stehende Starts *(S. 108–109)*	Rennen

MOUNTAINBIKE-RENNEN

Ein Mountainbike-Rennen ist eine besonders anspruchsvolle Herausforderung. Sie benötigen Ausdauer, Schnelligkeit, Fitness und eine gute Technik. Auch wenn grundsätzlich jeder an einem solchen Rennen teilnehmen kann, würde ich Anfängern empfehlen, vorher noch einmal das Programm für Fortgeschrittene 1 zu absolvieren. Fortgeschrittene 1 und 2 trainieren für das Mountainbike-Rennen auf dem gleichen Niveau wie bei dem siebenwöchigen Programm.

So wählen Sie ein Rennen aus

Um an Informationen über örtliche Rennen zu gelangen, informieren Sie sich in Fachzeitschriften für Mountainbikes oder im Internet. Außerdem können Sie sich an Fahrradgeschäfte, Radsportclubs oder Fitnesscenter wenden. Die Rennen werden normalerweise für verschiedene Leistungsstufen (vom Anfänger bis zum Profi) organisiert und sind nach Altersgruppen und Geschlecht unterteilt.

Training für ein Mountainbike-Rennen

Sie müssen in der Lage sein, über einen längeren Zeitraum hindurch (mindestens eine Stunde lang) nahe an Ihrer Belastungsgrenze zu fahren. Außerdem benötigen Sie genügend Kraft, um von Anfang an richtig beschleunigen zu können. Nur so können Sie sich für die engeren Streckenabschnitte gut positionieren. Bei bergigen Kursen müssen Sie gut in Form sein, um die Anstiege problemlos zu erklimmen und sicher bergab zu fahren.

Ich habe in dieses Programm sowohl einige Einheiten nahe an der Belastungsgrenze eingebaut, als auch Übungsteile zur Verbesserung der Ausdauer. Übungsteile wie »Stehende Starts« und »Bergsprints« helfen Ihnen beim Kraftaufbau.

Bevor Sie mit diesem Programm beginnen, sollten Sie unbedingt die in diesem Buch beschriebenen Geländetechniken noch einmal wiederholen und üben. Beginnen Sie langsam und erhöhen Sie das Tempo erst, wenn Sie sich sicher fühlen. Bei Rennen hilft es Ihnen sehr, wenn Sie eine ideale Kurvenlinie fahren können oder bei Hindernissen nicht absteigen müssen.

Trotzdem sollten Sie bei Hindernissen, Kurven und Abhängen keine Risiken eingehen. Sie sind schneller, wenn Sie bei einer schwierigen Abfahrt absteigen und Ihr Rad tragen, als wenn Sie riskant hinunterfahren und stürzen. Denken Sie daran: Ihr Stolz heilt schneller als Knochen oder Haut.

Woche 1–5	Montag	Dienstag
1	Aktive Erholung: 20–30 Min. leichtes Training	Belastungsintervalltraining im Flachen *(S. 104–105)*, verkürzen Sie jedoch den letzten Teil mit 60–70% Ihrer MHF um 50%
2	Aktive Erholung: 20–30 Min. leichtes Training	Berg-Intervalltraining *(S. 114–115)*
3	Aktive Erholung: 20–30 Min. leichtes Training	Berg-Intervalltraining *(S. 114–115)*, verkürzen Sie jedoch die Erholungsphasen zwischen den Intervallen um 50%
4	Aktive Erholung: 20–30 Min. leichtes Training	Zusammenfassung *(S. 126–127)*, verlängern Sie jedoch den schnellen Teil um 50% und verkürzen Sie den letzten Teil mit 60–70% Ihrer MHF um 50%
5	Aktive Erholung: 20–30 Min. leichtes Training	Zusammenfassung *(S. 126–127)*, verkürzen Sie jedoch den schnellen Teil um 50%

Mittwoch	Donnerstag	Freitag	Samstag	Sonntag
Aktive Erholung: 20–30 Min. leichtes Training	Schnell und langsam (*S. 86–87*)	Aktive Erholung: 20–30 Min. leichtes Training	Stehende Starts (*S. 108–109*)	Abenteuertour (*S. 100–101*), verlängern Sie die Fahrt jedoch um mindestens 10%
Aktive Erholung: 20–30 Min. leichtes Training	Muskelintervalltraining (*S. 116–117*)	Aktive Erholung: 20–30 Min. leichtes Training	Bergsprints (*S. 98–99*)	Mittleres Belastungstraining (*S. 120–121*), für den Teil mit 75–80% Ihrer MHF auf besonders anspruchsvollem Terrain
Aktive Erholung: 20–30 Min. leichtes Training	Zusammenfassung (*S. 126–127*)	Aktive Erholung: 20–30 Min. leichtes Training	Stehende Starts (*S. 108–109*)	Abenteuertour (*S. 100–101*), wie am Sonntag in Woche 1, konzentrieren Sie sich jedoch vor allem auf die Technik
Aktive Erholung: 20–30 Min. leichtes Training	Berg-Intervalltraining (*S. 114–115*)	Aktive Erholung: 20–30 Min. leichtes Training	Bergsprints (*S. 98–99*)	Mittleres Belastungstraining (*S. 120–121*), wie am Sonntag in Woche 2, fahren Sie beim Hauptteil jedoch mit fast 80% Ihrer MHF
Aktive Erholung: 20–30 Min. leichtes Training	Bergsprints (*S. 90–91*)	Aktive Erholung: 20–30 Min. leichtes Training	Sprints (*S. 110–111*)	Rennen

diamondback

WARTUNG UND PFLEGE

Ein gut gepflegtes Rad will auch gefahren werden. In diesem Kapitel zeige ich Ihnen, wie Sie Ihr Rad reinigen, auf potentielle Probleme überprüfen und einen Platten reparieren (obwohl ich natürlich hoffe, dass Sie dies nicht oft machen müssen). Reinigen Sie Ihr Rad regelmäßig. Es sieht auf diese Weise nicht nur gut aus, Sie verringern auch das Risiko für mechanische Schäden, die Sie beim Fahren leicht beeinträchtigen können. Führen Sie zudem regelmäßige Sicherheitschecks durch, um technische Probleme rechtzeitig zu entdecken, bevor sie eine Gefahr darstellen. Am Ende des Kapitels finden Sie eine Fehlertabelle, die hilft, häufige Probleme festzustellen und zu beheben. Mithilfe einer Fahrradillustration können Sie die einzelnen Teile leicht ausfindig machen.

FAHRRADREINIGUNG

Im Allgemeinen benötigen Fahrräder keine aufwendige Pflege. Einige Teile sind Umweltbelastungen jedoch stark ausgesetzt. Besonders die Kette und die Zahnräder sollten regelmäßig gereinigt und geölt werden. Sie brauchen dafür ein Entfettungsmittel (erhältlich in Fahrradgeschäften), einen Eimer mit heißem Seifenwasser, grobe Bürsten in verschiedener Größe und zwei Schwämme.

1 Montieren Sie beide Räder ab. Stellen Sie den Rahmen in einen Ständer oder hängen Sie ihn am Sattel auf. Sie benötigen eine Haltevorrichtung, um die Kette auch ohne Hinterrad zu spannen. Platzieren Sie diese Vorrichtung dort, wo sich normalerweise das Hinterrad befindet.

2 Stellen Sie eine kleine Wanne unter das Rad. Reinigen Sie Kette, Kettenblattgarnitur und die Schaltwerke an Hinter- und Vorderrad *(s. S. 154–155)* mit dem Entfettungsmittel. Behandeln Sie alle Glieder der Kette und lassen Sie das Entfettungsmittel ungefähr 5 Minuten einwirken.

3 Befreien Sie die entfetteten Teile mit dem mit Seifenwasser getränkten Schwamm von Öl und Schmutz. Benutzen Sie einen bestimmten Schwamm für diese Prozedur, da dieser sehr schmutzig wird. Legen Sie den Schwamm um die Kette und drehen Sie ein Pedal, sodass die Kette durch den Schwamm läuft und gründlich gereinigt wird.

4 Benutzen Sie den zweiten Schwamm, um die restlichen Teile des Fahrrads abzuwaschen. Seifen Sie schwer zugängliche Stellen, wie Bremsen, gut ein und benutzen Sie eine grobe Bürste, um die Unterseite des Rads zu säubern. Spülen Sie das Rad dann mit klarem Wasser ab und trocknen Sie es mit einem sauberen Tuch.

5 Um Schmutzablagerungen zwischen den Zahnrädern zu entfernen, verwenden Sie am besten einen dünnen Kratzer. Geben Sie anschließend das Entfettungsmittel darauf und lassen Sie es 5 Minuten lang einwirken. Danach entfernen Sie das Entfettungsmittel sowie den restlichen Schmutz mit einer groben Bürste und etwas Seifenwasser.

6 Säubern Sie die Bremsen und Kleinteile mit einem seifigen Schwamm. Benutzen Sie eine grobe Bürste und Seifenwasser, um den Kassetten-Zahnkranz und den Raum zwischen den Zahnrädern zu putzen. Reinigen Sie mit dem Schwamm die Unterseite des Sattels.

7 Zum Schluss benutzen Sie eine saubere Bürste (durch eine verschmutzte könnte Öl an die Räder gelangen), um Reifen, Rahmen, Nabe und Speichen an den Rädern zu reinigen. Ölen Sie vorsichtig die Kette sowie die beweglichen Teile an Vorderrad- und Hinterradschaltwerk.

SICHERHEITSCHECKS

Gewöhnen Sie sich an, folgende Sicherheitschecks vor jeder Fahrt durchzuführen. Mit geringem Zeitaufwand können Sie so verhindern, dass Sie wegen eines Materialdefekts eine Panne haben oder einen Unfall erleiden. Die Sicherheitschecks gelten sowohl für Mountainbikes als auch für Hybrid- und Straßenräder. Führen Sie die Reparatur selbst durch oder wenden Sie sich an eine Fahrradwerkstatt.

ÜBERPRÜFUNG DES RAHMENS

Es kommt zwar selten vor, aber im Bereich der Schweißnähte können sich am Rahmen Risse bilden. Überprüfen Sie unbedingt, ob Ihre Garantie diesen Schaden deckt. Überprüfen Sie Ihr Rad regelmäßig vor Fahrtantritt sowie bei der Reinigung, um potentielle Schäden sofort zu entdecken.

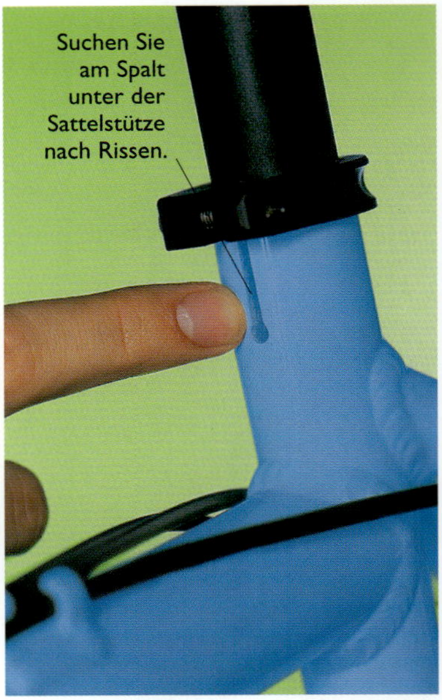

1 Tasten Sie mit dem Finger den Übergang des Unterrohrs in das Steuerrohr ab. Wenn Sie dort eine Unebenheit fühlen, ist die Stelle verschlissen. Schauen Sie nach, ob die Schweißnaht Risse aufweist. Kratzer im Lack sollten Sie umgehend ausbessern, um eine mögliche Korrosion zu verhindern.

2 Untersuchen Sie die Stelle, an der die Sitzstrebe mit der Kettenstrebe verschweißt ist und schauen Sie sich die Schweißnaht zwischen Rahmen und Tretlagergehäuse an. Überprüfen Sie außerdem, ob sich Kratzer an Anlötstellen befinden (z.B. an Seilzugbefestigung für Brems- und Schalthebel).

3 Untersuchen Sie den Spalt unter dem Sattel, wo die Schraube an der Sattelstütze befestigt ist, da darunter manchmal Risse entstehen. Sollten Sie die Sattelstütze austauschen, müssen Sie darauf achten, dass Sie die richtige Größe für Ihren Rahmen montieren. Wird eine zu kleine Sattelstütze angebracht, kann dies zu Rissen führen.

SICHERHEITSCHECKS VOR FAHRTANTRITT

Diese vier Sicherheitschecks sollten Sie vor jeder Fahrt durchführen. Wenn Sie Ihr Fahrrad regelmäßig überprüfen, sammeln Sie wertvolle Informationen über den Grad der Abnutzung.

1 Überprüfen Sie die Lenkung: Klemmen Sie das Vorderrad zwischen Ihre Beine und versuchen Sie, den Lenker zu bewegen. Bewegt sich der Lenker unabhängig vom Vorderrad, sollten Sie Ihr Rad überprüfen lassen.

2 Bremsen Sie gleichzeitig voll mit Vorderrad- und Hinterradbremse. Wenn Sie die Bremshebel dabei ganz zurückziehen müssen oder eines der beiden Räder sich dreht, sollten die Bremsen gewartet werden.

3 Suchen Sie beide Reifen nach Schnitten, Rissen, großen Abnutzungen sowie Ausbeulungen in Profil oder Seitenwand ab. Sollten Sie auf ein solches Problem stoßen, ersetzen Sie den Reifen.

4 Heben Sie das Hinterrad vom Boden und schalten Sie durch alle Gänge, um zu überprüfen, ob sie korrekt abgestimmt sind. Eine schwergängige Schaltung oder eine springende Kette kann gefährlich sein.

PLATTEN REPARIEREN

Wenn Sie während der Fahrt einen Platten bekommen, wechseln Sie den Schlauch aus. Deshalb sollten Sie immer einen Ersatzschlauch, einen Satz Montierhebel sowie eine Luftpumpe dabeihaben. Reparieren Sie den kaputten Schlauch später und benutzen Sie ihn dann als Ersatzschlauch. Für den Fall, dass Sie während der Fahrt einen zweiten platten Reifen haben, sollten Sie aber immer Flickzeug mitnehmen.

1 Rad vom Rahmen nehmen, einen Montierhebel zwischen Reifen und Radfelge legen und einen Teil des Reifens von der Felge lösen. Montierhebel an einer Speiche befestigen, einen zweiten Hebel unter den Reifen legen und nach vorn drücken. Den Hebel um die Felge schieben und so eine Seite des Reifens ablösen. Schlauch abnehmen.

2 Schlauch so weit aufpumpen, bis Sie hören können, wo die Luft durch die beschädigte Stelle entweicht. Markieren Sie das Loch mit Kreide. Lassen Sie die Luft wieder heraus und streichen Sie Klebstoff über das Loch.

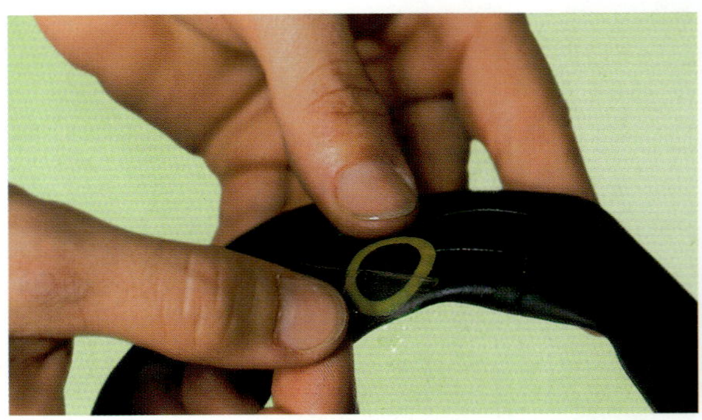

3 Warten Sie ein paar Minuten bis der Klebstoff gut haftet – er sollte sich von farblos zu trüb verändern. Lösen Sie die Rückseite des Flickens ab und drücken Sie den Flicken mindestens eine Minute lang fest auf den Klebstoff. Überprüfen Sie, ob der Flicken an allen Kanten glatt und gut verklebt ist.

4 Bestäuben Sie den Flicken mit etwas Kreide, um zu verhindern, dass überschüssiger Klebstoff am Innern des Reifen festklebt. Oft enthält das Flickzeug lose Kreide, falls Sie jedoch nur einen Kreidestift haben, müssen Sie diesen mit Schmirgelpapier bearbeiten.

5 Rest des Reifens von der Felge nehmen. Außenseite überprüfen, Reifen überstülpen und nachsehen, ob sich ein Fremdkörper darin befindet. Ziehen Sie ihn aus dem Reifen heraus. In diesem Fall sollten Sie den Reifen nach der Fahrt auswechseln.

Tasten Sie den Reifen ab
Achten Sie darauf, dass der Schlauch nicht eingeklemmt ist, bevor Sie ihn ganz aufpumpen.

6 Eine Seite des Reifens auf die Felge legen. Den Schlauch etwas aufpumpen. Das Ventil durch das Loch in der Felge stecken. Den Schlauch unter dem Reifen platzieren, sodass er auf der Felge liegt. Das Ventil nach oben drücken. Die andere Seite des Reifens Stück für Stück wieder am Rand der Felge befestigen. Das Ventil nach unten ziehen. Reifen abtasten, um zu überprüfen, ob der Schlauch eventuell zwischen Reifen und Felge eingeklemmt ist. Reifen aufpumpen.

TIPP
Um das Loch zu finden, können Sie den Schlauch auch in eine Wasserschüssel tauchen und nach Luftblasen suchen.

MÄNGELTABELLE

Selbst, wenn Sie keine Reparaturen durchführen wollen, ist es hilfreich, wenn Sie die Ursache für Probleme an Ihrem Rad kennen. In dieser Tabelle finden Sie eine Auflistung häufiger Probleme mit den jeweils möglichen Ursachen und Lösungen. Um die verschiedenen Einzelteile zu lokalisieren, sehen Sie sich die Fahrradillustration an *(S. 154–155)*.

Im Abschnitt »Antrieb« finden Sie Informationen zu Pedalen, Kette und Kettensatz sowie Schaltwerk. »Lenkung und Räder« umfasst Lenker, Gabeln und Räder. Die Kategorie »Bremsen« erklärt sich von selbst. »Federung« bezieht sich auf Federgabeln oder eine andere Art von Federungssystem.

Ihr Rad sollte mindestens zweimal im Jahr gewartet werden – z.B. zu Beginn und am Ende des Winters. Informieren Sie sich in Fachbüchern zu diesem Thema oder wenden Sie sich an ein Fachgeschäft – die Mitarbeiter dort sind meist Experten im Bereich Fahrradreparatur.

Räder, die technisch besonders gut ausgestattet und aus Materialien wie Karbonfaser gefertigt sind oder leichte voll gefederte Mountainbikes, müssen regelmäßig professionell überprüft werden. Lassen Sie sich deshalb jedoch nicht davon abhalten, so ein Rad zu kaufen – es macht Spaß, damit zu fahren.

Überprüfen Sie Ihr Rad
Warten Sie Ihr Rad in regelmäßigen Abständen. Probleme müssen behoben werden – sonst sind Sie in Gefahr.

	Problem
Antrieb	Die Kette lässt sich nicht auf ein kleineres Kettenblatt oder Ritzel schalten.
	Die Kette lässt sich nicht auf ein größeres Ritzel schalten, oder sie läuft nicht glatt darüber.
	Die Kette lässt sich schalten, springt aber auf den Ritzeln, wenn Druck auf die Pedale ausgeübt wird
Lenkung und Räder	Wenn Sie die Vorderradbremse betätigen und das Rad nach vorn drücken, bewegt sich das Steuerrohr abhängig vom Rohr unter dem Lenker
	Während des Fahrens machen Ihre Räder plötzlich ein knackendes Geräusch.
	Während des Tretens dreht sich die Kassette, aber das Rad kommt nicht richtig in Schwung.
Bremsen	Die Bremsen lassen sich nur schwer betätigen und/oder lösen sich nur langsam wieder.
	Sie müssen den Bremshebel lange betätigen, bevor die Bremse greift.
	Die Bremsbeläge berühren die Bremsoberfläche, ohne dass Sie die Bremshebel lange betätigen müssen, sind aber unwirksam, da die Geschwindigkeit nicht gedrosselt wird.
Federung	Die Gabel erreicht regelmäßig den Endpunkt des Federwegs (schlägt an).
	Das Vorderrad springt in der Kurve auf und ab.

Ursache	Lösung
In der Seilzugabdeckung hat sich Sand oder Kies festgesetzt; die Schmierung der Seilzüge ist ausgetrocknet.	Lassen Sie Schaltwerk und Seilzüge in einem Fachgeschäft warten.
Der Seilzug hat sich gelockert; das betroffene Schaltwerk ist falsch eingestellt.	Auf das kleinste Kettenblatt/Ritzel schalten. Befestigungsschraube des Seilzugs lösen, Seilzug stramm- und Schraube wieder festziehen.
Die Kette hat ein unbewegliches Glied; Kette und/oder Ritzel sind verschlissen; ein Kettenblatt ist verbogen.	Lassen Sie die Kette auf unbewegliche Kettenglieder und/oder Verschleiß untersuchen.
Das Steuerrohr ist lose oder verschlissen.	Lassen Sie Ihr Steuerrohr warten.
Möglicherweise ist eine Speiche gebrochen.	Lassen Sie die Speiche ersetzen und die Radfelge begradigen.
Die Freilaufnabe ist verschlissen.	Lassen Sie die komplette Freilaufnabe ersetzen.
Es befindet sich Schmutz in der Seilzugabdeckung; die Schmierung ist ausgetrocknet.	Lassen Sie Ihre Bremsen warten.
Die Bremsbeläge sind abgenutzt; der Seilzug ist durch die Befestigungsschraube gerutscht.	Lassen Sie Ihre Bremsen warten.
Auf den Belägen befindet sich Schmiere, in die sich Fremdkörper eingelagert haben; die Beläge nutzen sich unterschiedlich schnell ab.	Lassen Sie Ihre Bremsen warten.
Bei Luft/Öl Gabeln ist nicht ausreichend Luft im System.	Füllen Sie mit einer speziellen Pumpe für Luft/Öl-Federn Luft in die Gabeln nach oder verwenden Sie stärkere Federn.
Bei Feder/Öl Gabeln ist eine zu leichte Feder montiert.	Informieren Sie sich in der Bedienungsanleitung und reduzieren Sie das Ansprechverhalten an der Gabel.

FAHRRADILLUSTRATION

Benutzen Sie diese Abbildung, um sich mit dem Aufbau Ihres Fahrrads vertraut zu machen. Auch wenn sich Lenker und Bremsen bei Mountainbikes, Hybrid- und Straßenrädern unterscheiden, ist der Grundmechanismus gleich: Durch eine Kette werden Hinterrad und Zahnräder bewegt; die meisten Bremsen sind an Seilzüge angeschlossen. Mountainbikes haben V-Bremsen anstelle von Felgenbremsen. Diese können durch Schmutz nicht blockiert werden. Einige Mountainbikes sind mit Scheibenbremsen ausgestattet, die hydraulisch oder mit Seilzügen betätigt werden. Manche Räder haben statt des hier gezeigten Schaltwerks eine Nabenschaltung. Einige nützliche Grundbegriffe finden Sie auch im Glossar gegenüber.

linke STI Einheit, vorderes Schaltwerk und Hinterradbremse

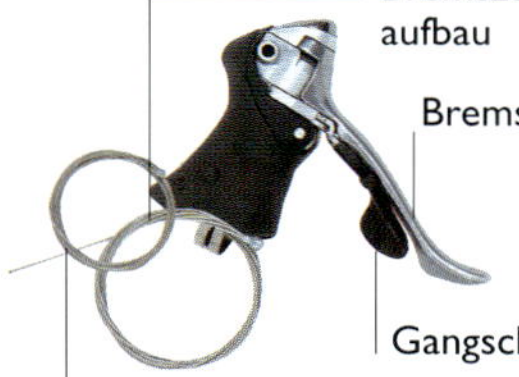

GLOSSAR

Kassette Ansammlung von Ritzeln, die auf die Freilaufnabe des Hinterrades passen

Schaltwerk Vorrichtung, die die Kette auf größere/kleinere Ritzel oder Kettenblätter schiebt

Freilaufnabe Teil der Nabe; Mechanismus, durch den sich das Hinterrad auch bei Stillstand der Pedale dreht

Ritzel Zahnrad, das von der Kette bewegt wird; kombiniert mit anderen Ritzeln bildet es eine Kassette

STI Einheit steht für »Shimano Total Integration«: Damit sind Brems-/Schaltsysteme gemeint, die sowohl Schaltwerk als auch Bremsen kontrollieren.

vordere Felgenbremse

NÜTZLICHE ADRESSEN

VERBÄNDE

Deutschland

Allgemeiner Deutscher Fahrrad-Club (ADFC)
Postfach 107747
D-28077 Bremen
Tel.: 0421/34 62 90
Fax: 0421/34 62 950
E-Mail: kontakt@adfc.de
www.adfc.de
Sehr umfangreiche Homepage, die keine Fragen rund ums Rad offen lässt; viele Informationen über Radreisen, Verkehrsrichtlinien, Techniktipps

Bund Deutscher Radfahrer
Otto-Fleck-Schneise 4
D-60528 Frankfurt/Main
Tel: 069/96 78 00 0
Fax: 069/96 78 00 80
E-Mail: info@bdr-online.org
www.rad-net.de
Viele Links und Suchfunktionen zu den Themen Leistungstests, Disziplinen, Ausschreibungen

Österreich

ÖAMTC
(aufgeteilt in Landeszentralen)
E-Mail: office@oeamtc.at
www.oeamtc.at
Testberichte, Sicherheitstipps, Fahrradprüfungen, nützliche Links

Österreichischer Radsport-Verband
Hasenleitengasse 73
A-1110 Wien
Tel.: 01/768 16 91
Fax: 01/768 16 91 20
E-Mail: office@radsportverband.at
www.radsportverband.at
Viele Links zu Radverbänden und Veranstaltungen, umfangreiche Termine und Ergebnisse von Radrennen (Straße, Bahn, BMX, Querfeldein, Hallenradsport)

Schweiz

Swiss Cycling
Laubeggstrasse 70
Postfach 606
CH-3000 Bern 22
Tel.: 031/359 72 92
www.swiss-cycling.ch
Sehr umfangreiche Linksammlung

ZEITSCHRIFTEN

Bike
Erscheint monatlich
E-Mail: bikeMag@bike-magazin.de
www.bike-magazin.de

aktiv Radfahren
Erscheint elf Mal im Jahr
E-Mail: info@aktiv-radfahren.de
www.radfahren.de

Trekkingbike
Erscheint alle zwei Monate
E-Mail: info@trekkingbike.com
www.trekkingbike-magazin.de

Mountain Bike
Erscheint monatlich
E-Mail: leserservice@mountainbike-magazin.de
www.mountainbike-magazin.de

Tour – Das Rennradmagazin
Erscheint monatlich
E-Mail: redaktion@tour-magazin.de
www.tour-magazin.de

INTERNETADRESSEN

www.radsport-aktiv.de
Infos zum Profi- sowie Freizeitradsport, Trainingsstrecken, Forum, Lexikon, Literaturtipps

www.mountainbike.de
Kleinanzeigen, Foren, Touren, umfangreiches Link-Verzeichnis

www.cycling-online.de
Radtourenverzeichnis, Forum, Linksammlung

www.radtouren.de
Internetportal zum Thema Radreisen, u.a. Testberichte, neue Produkte, Reiseführer, Literaturtipps u.v.m.

www.biketravel.net
Infos zu Fahrradtouren, Tourenbeschreibungen, Forum, Linksammlung, Reiseliteratur

www.radelnweltweit.de
Internetportal für Radfahrer und Mountainbiker, u.a. Radtouren, Rad-Events, Wetterberichte, Web-Cams

www.radsportfieber.com
Infos zu Technik, Ernährung, Training; Literaturtipps, Fahrradbazar, große Linksammlung

www.radsportforum.com
Foren zu vielen Radsportthemen, Chats, Kleinanzeigen

www.oesterreich-radreisen.at
Auswahl besonders schöner Radtouren für alle Schwierigkeitsgrade

www.ecf.com
Homepage des Europäischen Radfahrer Verbandes, u.a. mit Terminen zu Radrennen und Infos über Radtouren in ganz Europa

REGISTER

DANK

DANK DES AUTORS

Ich danke Nasim Mawji für die kenntnisreiche und geduldige Bearbeitung der Texte; Miranda Harvey, die das Buch zum Leben erweckt hat; Russell Sadur für seine fantastischen Bilder und Nina Duncan, die alles andere bei der Fotoproduktion organisiert hat und eine großartige Reisepartnerin ist. Außerdem möchte ich den Models für ihre Geduld danken, insbesondere Heather Kahl und ihrer Familie, die noch dazu so nette Gastgeber waren. Besonderer Dank gilt Trevor Kahl, der uns seine Hanteln geliehen hat.

BILDNACHWEIS

Zusätzliche Bilder von Gerard Brown.
Alle anderen Abbildungen © Dorling Kindersley.

DANK DES VERLAGES

Dorling Kindersley dankt dem Fotografen Russell Sadur und seiner Assistentin Nina Duncan. Dank gilt auch unseren unermüdlichen Models: Lecia Zulak, Heather Kahl und Jonathan Farrell. Vielen Dank auch an Matt Toungue für die Bereitstellung von Fahrrädern und Ausrüstung, dem Wilson State Park, New York, wo wir fotografieren durften, und dem Overlook Bike Shop in Woodstock für die Beratung bei den Locations.

Wir danken Simon Wild von Raleigh UK, der uns freundlicherweise ein Diamond Back Mountainbike, ein Raleigh Straßenrad und ein mtrax Hybridrad sowie Helme, Schuhe und Pedale geliehen hat. Danke auch an Jim McFarlane von Endura für die zur Verfügung gestellte Kleidung.

Besonderer Dank gilt Heather Kahl und ihrer Familie, die nicht nur großzügige Gastgeber waren, sondern uns auch die malerischen Seen, Parks, Wälder und Straßen in der Nähe ihres Hauses in New Jersey als perfekte Locations für die Fotos in diesem Buch empfohlen haben.

Wir danken Susan Miller für die Registererstellung.

ÜBER DEN AUTOR

Der Autor, Journalist und Fernsehmoderator Chris Sidwells hat schon viel über Rad fahren und Fahrräder geschrieben. Sein erstes Buch, ***Mr. Tom***, ist eine Biographie über seinen Onkel Tom Simpson. Der berühmte englische Radfahrer kam 1967 bei der Tour de France tragisch ums Leben.

Chris Sidwells schreibt regelmäßig für die beiden englischsprachigen Fachzeitschriften ***Cycling Weekly*** und ***Cycle Sport***. Daneben hat er auch schon Sendungen für die BBC zum Thema Radfahren moderiert.

Chris Sidwells interessiert sich sowohl für den rein sportlichen Aspekt des Radfahrens als auch für die Geschichte dieses Sports und versucht mithilfe seiner Veröffentlichungen möglichst vielen Menschen diese Leidenschaft zu vermitteln. Er hat an jeder Art von Radrennen teilgenommen – von Geländerennen bis zum Triathlon – und betrachtet alle, die auf irgendeine Weise diesen Sport ausüben, als Teil einer großen weltweiten Radfahrfamilie.

Chris teilt seine Zeit zwischen seiner Arbeit in Europa bei Rennen wie der Tour de France und dem Leben mit seiner Frau, zwei Hunden und zwei Katzen in Devon auf. Und wo immer er auch ist, sein Fahrrad begleitet ihn.